혼자 배우는

일본어 읽고쓰기

초보자를 위한
日本語 입문

도서출판 맑은창

히라가나(ひらがな)

あ	か	さ	た	な	は	ま	や
아	가	사	다	나	하	마	야
い	き	し	ち	に	ひ	み	(い)
이	기	시	치	니	히	미	이
う	く	す	つ	ぬ	ふ	む	ゆ
우	구	스	츠	누	후	무	유
え	け	せ	て	ね	へ	め	(え)
에	게	세	데	네	헤	메	에
お	こ	そ	と	の	ほ	も	よ
오	고	소	도	노	호	모	요

탁음과 반탁음

ら	わ	ん	が	ざ	だ	ば	ぱ
라	와	응	가	자	다	바	빠
り	(い)		ぎ	じ	ぢ	び	ぴ
리	이		기	지	지	비	삐
る	(う)		ぐ	ず	づ	ぶ	ぷ
루	우		구	즈	즈	부	뿌
れ	(え)		げ	ぜ	で	べ	ぺ
레	에		게	제	데	베	뻬
ろ	を		ご	ぞ	ど	ぼ	ぽ
로	오		고	조	도	보	뽀

가타카나(カタカナ)

ア	カ	サ	タ	ナ	ハ	マ	ヤ
아	가	사	다	나	하	마	야
イ	キ	シ	チ	ニ	ヒ	ミ	(イ)
이	기	시	치	니	히	미	이
ウ	ク	ス	ツ	ヌ	フ	ム	ユ
우	구	스	츠	누	후	무	유
エ	ケ	セ	テ	ネ	ヘ	メ	(エ)
에	게	세	데	네	헤	메	에
オ	コ	ソ	ト	ノ	ホ	モ	ヨ
오	고	소	도	노	호	모	요
			탁음과 반탁음				
ラ	ワ	ン	ガ	ザ	ダ	バ	パ
라	와	응	가	자	다	바	빠
リ	(イ)		ギ	ジ	ヂ	ビ	ピ
리	이		기	지	지	비	삐
ル	(ウ)		グ	ズ	ヅ	ブ	プ
루	우		구	즈	즈	부	뿌
レ	(エ)		ゲ	ゼ	デ	ベ	ペ
레	에		게	제	데	베	뻬
ロ	ヲ		ゴ	ゾ	ド	ボ	ポ
로	오		고	조	도	보	뽀

머리말

일본어를 배워야 겠다고 생각을 하는 사람들은 상당히 많은 줄 알고 있다. 그러나 그 필요성은 인정하면서도 쉽사리 욕구를 채워 줄 수 있는 참고 서적이 흔하지 않았다.

일본어를 배워야겠다는 사람의 수는 늘어나면 늘어날수록 그것에 편승하여 일본어를 가르치는 책의 가짓수만 늘어났을 뿐, 책의 종류가 늘어나는 것만큼 질적인 향상은 이루어지지 않았다는 것이다.

그래서 일본어를 배우려고 이것저것 닥치는 대로 서적을 구입하여 읽다가는 도중에 중단해 버리는 사람들을 우리는 주위에서 많이 보게 된다. 정말 일본어가 그렇게 배우기가 어려워서 일까?. 아니면 지루하고 딱딱한 것인가? 그렇지 않다. 처음부터 체계가 뚜렷한 올바른 교재를 선택하지 못했기 때문이다. 일본어는 다른 외국어에 비해 배우기가 쉽다는 것이다. 그러나 일본어도 역시 외국어임에는 틀림없으니, 뜻이 같은 한자만 알면 읽을 수도 있고, 뜻도 알 수 있다는 안일한 생각만 하지 말고 배운다면 누구나 배울 수 있는 외국어인 것이다.

본 일본어 읽기와 쓰기는 일본어를 처음 배우려는 사람에게 꼭 필요한 일본어 50음도를 아주 쉽고, 지루하지 않게 일본어를 자유 자재로 읽고, 또 쓰기 연습을 할 수 있도록 구성되어 있다.

1. 이 책은 일본어 읽기와 쓰기 공부를 하려는 분들이 보셔야 합니다.
2. 글자별로 필순을 표시했기 때문에 쓰는 순서에 맞게 글자를 연습하실 수 있습니다.
3. 모든 발음은 로마자 표기법을 기준으로 통일성 있게 익힐 수 있습니다.
4. 발음 연습과 단어 공부를 연결시켰기 때문에 발음을 알면 단어가 저절로 떠오릅니다.
5. 이 책을 따라 읽기와 쓰기를 반복하다 보면 읽기·쓰기는 이 한 권으로 끝낼 수 있습니다.

욕심을 버리고 매일 매일 조금씩, 꾸준히 하면, 좋은 결과가 있을 것입니다.

차례

히라가나(ひらがな)

가타카나(カタカナ)

ひらがな

히라가나(ひらがな)는 일본의 헤이안 시대(平安時代)인 9세기경에 한자의 기초서체를 간략화하여 만든 글자이다. 한자로 표기하거나 따로 로마자로 표기하는 것을 제외한 모든 일본어를 표기할 때 쓰인다.

あ행	청음(清音)

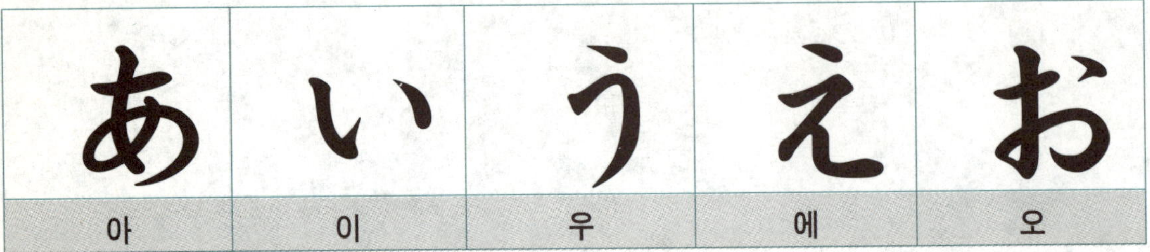

아	이	우	에	오

あ 는 우리말의 「아」에 가까운 발음으로, 영어 로마자 표기는 〔a〕이다.
입을 크게 벌리고 목구멍 안쪽으로부터 자연스럽게 숨을 토하듯 소리를 낸다.

い 는 우리말의 「이」에 가까운 발음으로, 영어 로마자 표기는 〔i〕이다.
발음 할 때는 우리말의 「이」보다 좀더 입술의 양끝을 옆으로 벌여야 한다.

う 는 우리말의 「으」와 「우」의 중간 정도 발음으로, 대체로 「우」에 가까우며 영어의 로마자 표기는〔u〕이다. 우리말의 '으'를 발음하는 입술 모양에서 힘을 빼고 '우'를 발음하면 입술이 약간 열어지면서 '우'가 된다. 즉 입술을 동그랗게 하여 가볍게 앞으로 내밀 듯이 하면서 소리를 낸다.

え 는 우리말의 「에」와 「애」의 중간 발음으로, 대체로 「에」에 가까우며. 영어의 로마자 표기는 〔e〕이다.
입을 반쯤 벌리고 혀는 자연스럽게 하여 좀 세고 짧게 소리를 낸다.

お 는 우리말의 「오」에 가까운 발음으로. 영어의 로마자 표기는 〔o〕이다.
우리말의 「오」보다 약간 입을 넓게 벌리고 입술은 동그랗게 하여 앞으로 내미는 듯이 하면서 짧게 소리 낸다.

단어 읽기 연습

- あい 사랑(愛)
- あお 파랑 (青)
- いえ 집 (家)
- うお 물고기 (漁)＝さかな
- うえ 위 (上)
- おう 왕 (王)

あ

一 ナ あ

아 〔a〕

い

い い

이〔i〕

う

丶 う

우 〔u〕

え

` え

에〔e〕

お

一 おお

오〔o〕

단어 쓰기 연습

사랑(愛)		파랑(青)		집(家)		물고기(魚)		위(上)	
あ	い	あ	お	い	え	う	お	う	え

あ	あ	い	い	う	う	え	え	お	お
あ	あ	い	い	う	う	え	え	お	お
あ	あ	い	い	う	う	え	え	お	お

か행

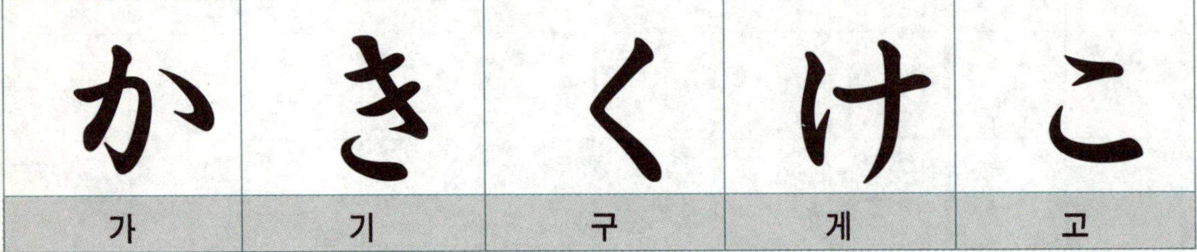

か는 한글 「ㄱ」과 영어〔k〕의 중간 발음 정도라고 생각하면 된다. 우리말로 표기하기는 힘드나, 단어의 첫머리에 올 때는 우리말의 「가, 기, 구, 게, 고」와 비슷하고, 중간이나 끝에 올 때는 「까, 끼, 꾸, 께, 꼬」와 비슷하다. 우리말로 예를 들자면 정가(定價)를 발음할 때 「가」소리가 「까」소리에 가깝게 발음되는데, 이것과 같다고 생각하면 된다.

か 는 우리말의 「카」와 「가」의 중간 발음이지만 「가」에 가까운 발음으로, 의문조사로 쓰일 때는 「까」에 가까운 발음이 난다. 영어의 로마자 표기는 〔ka〕이다.

き 는 우리말의 「키」와 「기」의 중간 발음이지만 「기」에 가까운 발음으로, 영어의 로마자 표기는 〔ki〕이다.

く 는 우리말의 「쿠」와 「구」의 중간 발음이지만 「구」에 가까운 발음으로, 영어의 로마자 표기는 〔ku〕이다.

け 는 우리말의 「케」와 「게」의 중간 발음이지만 「게」에 가까운 발음으로, 영어의 로마자 표기는 〔ke〕이다.

こ 는 우리말의 「코」와 「고」의 중간 발음이지만, 「고」에 가까운 발음으로, 영어의 로마자 표기는 〔ko〕이다.

단어 읽기 연습

- こえ 목소리
- かき 감
- いけ 연못
- きく 국화
- かこ 과거
- くき 줄기

か

つ カ か

가〔ka〕

か か か か か

き

一 = キ き

기〔ki〕

き き き き き

く

く

구〔ku〕

く く く く く

け

い に け

게〔ke〕

け け け け け

こ

こ こ

고〔ko〕

こ こ こ こ こ

단어 쓰기 연습

감(柿)		국화(菊)		과거(過去)		연못(池)		줄기(茎)	
か	き	き	く	か	こ	い	け	く	き

か	か	き	き	く	く	け	け	こ	こ
か	か	き	き	く	く	け	け	こ	こ
か	か	き	き	く	く	け	け	こ	こ

さ행

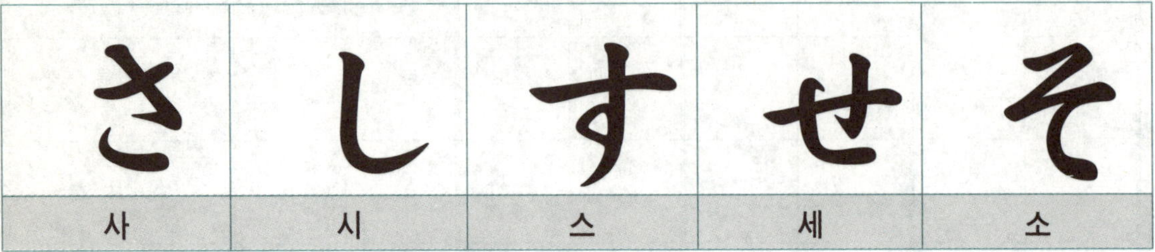

사	시	스	세	소

さ 는 우리말의 「사」에 가까운 발음으로. 영어의 로마자 표기는 〔sa〕이다.

し 는 우리말의 「시」에 가까운 발음으로. 영어의 로마자 표기는 〔shi〕이다.
로마자 표기에서는 「し」가 〔shi〕이나, 발음기호로는 〔ʃi〕이다.

す 는 우리말의 「스」와 「수」의 중간 정도의 발음이지만, 우리말의 「스」에 가까운 발음으로. 영어의 로마자 표기는 〔su〕이다.

せ 는 우리말의 「세」에 가까운 발음으로. 영어의 로마자 표기는 〔se〕이다.

そ 는 우리말의 「소」에 가까운 발음으로. 영어의 로마자 표기는 〔so〕이다.

단어 읽기 연습

- **さか** 언덕(坂)
- **あさ** 아침(朝)
- **あせ** 땀 (汗)
- **そしき** 조직 (組織)
- **しか** 사슴 (鹿)
- **かし** 과자 (菓子)
- **うそ** 거짓말 (噓)
- **せき** 자리 (席)
- **すし** 초밥
- **かす** 빌리다
- **かさ** 우산
- **そこ** 거기, 그곳, 밑바닥(底)

さ

ノ さ さ

사〔sa〕

し

し

시〔shi〕

す

一 す

스〔su〕

せ

一 ナ せ

세〔se〕

そ

そ

소〔so〕

단어 쓰기 연습

언덕(坂)		사슴(鹿)		초밥		땀(汗)		그곳, 밑바닥	
さ	か	し	か	す	し	あ	せ	そ	こ

さ	さ	し	し	す	す	せ	せ	そ	そ
さ	さ	し	し	す	す	せ	せ	そ	そ
さ	さ	し	し	す	す	せ	せ	そ	そ

た행

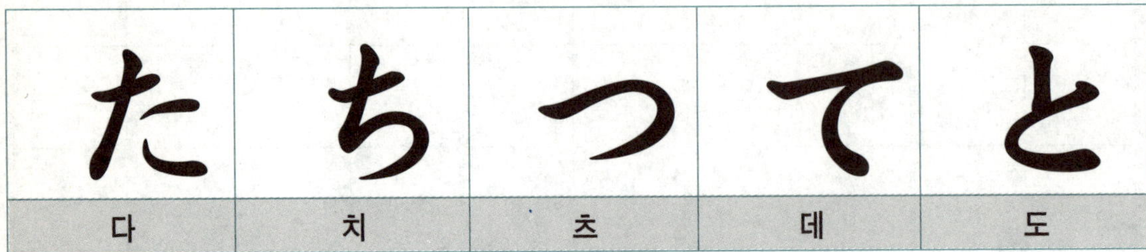

다	치	츠	데	도

「た」행에는 3개의 다른 자음이 있다는 것을 알아야 한다. (「た, て, と」의 자음은 〔t〕음인데, 「ㄷ」에 가깝다). 「た, て, と」가 단어의 첫머리에 오면 우리말의 「다, 데, 도」와 비슷하지만 단어의 중간이나 끝에오면 「따, 떼, 또」에 가까운 발음이 된다.

た 는 우리말의 「타」와 「다」의 중간 정도의 발음이지만, 「다」에 가까운 발음으로. 영어의 로마자 표기는 〔ta〕이다.

ち 는 어려운 발음이 아닌데도 한국인 학습자가 잘못 발음하기 쉬운 발음 중 하나이다. 우리말 '치'를 기음이 약하게 나오게 발음하면 일본어 'ち' 음이 된다. 예를 들면 'ちち'의 경우 흔히 '찌찌' 또는 '찟찌'라고 발음하기 쉬운데 '치찌'에 가깝게 발음하는 것이 옳다고 할 수 있다.
로마자 표기는 〔chi〕이나, 발음기호로는 〔tʃi〕이다.

つ 는 우리말의 「쯔」와 「쓰」의 중간 정도의 발음으로, 한국인 학습자가 발음하기 어려운 발음 중 하나 이다. 그러므로 우리말 '쓰' 음 자리에서 '쯔'를 발음하면 'つ'가 된다. 즉 '쓰' 음의 조음점인 혀끝을 잇몸에 대고 '쯔'를 발음하면 입이 약간 오므라지면서 'つ'음이 나게 된다. 영어의 로마자 표기는 〔tsu〕이다.

て 는 우리말의 「테」와 「데」의 중간 정도의 발음이지만 「데」에 가까운 발음으로. 영어의 로마자 표기는 〔te〕이다.

と 는 우리말의 「토」와 「도」의 중간 정도의 발음이지만 「도」에 가까운 발음으로. 영어의 로마자 표기는 〔to〕이다.

단어 읽기 연습

- たけ 대나무 (竹)
- いち 하나 (一)
- つき 달 (月)
- てつ 철 (鐵)
- とき 때 (時)
- てがみ 편지

た

一 ナ た た

다〔ta〕

ち

一 ち

치〔chi〕

つ

つ

츠〔tsu〕

て

て

데〔te〕

と

ㇿ と

도〔to〕

단어 쓰기 연습

대나무	하나(一)	달	철(鐵)	때(時)
たけ	いち	つき	てつ	とき

た	た	ち	ち	つ	つ	て	て	と	と
た	た	ち	ち	つ	つ	て	て	と	と
た	た	ち	ち	つ	つ	て	て	と	と

な행

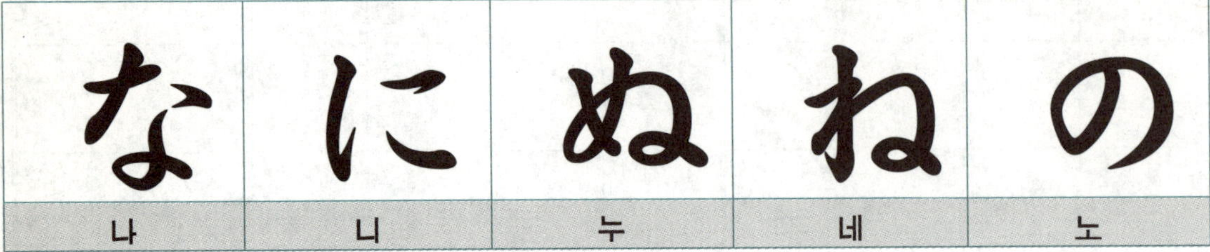

な 는 우리말의 「나」에 가까운 발음으로. 영어의 로마자 표기는 〔na〕이다.

に 는 우리말의 「니」에 가까운 발음으로. 영어의 로마자 표기는 〔ni〕이다.

ぬ 는 우리말의 「누」에 가까운 발음으로. 영어의 로마자 표기는 〔nu〕이다.

ね 는 우리말의 「네」에 가까운 발음으로. 영어의 로마자 표기는 〔ne〕이다.

の 는 우리말의 「노」에 가까운 발음으로. 영어의 로마자 표기는 〔no〕이다.

단어 읽기 연습

- **なつ** 여름
- **ねこ** 고양이
- **いぬ** 개
- **かね** 금전(돈 **おかね**)
- **にく** 짐승, 생선 따위의 살
- **のう** 뇌 (腦)
- **この** 이것
- **なに** 무엇
- **たな** 선반
- **にし** 서쪽 (西)

な

一 ナ ナ な

나〔na〕

に

い に に

니〔ni〕

ぬ

丶 ぬ

누〔nu〕

ね

ㅣ ね

네〔ne〕

の

の

노〔no〕

단어 쓰기 연습

여름		무엇		개(犬)		이것		선반	
な	つ	な	に	い	ぬ	こ	の	た	な

な	な	に	に	ぬ	ぬ	ね	ね	の	の
な	な	に	に	ぬ	ぬ	ね	ね	の	の
な	な	に	に	ぬ	ぬ	ね	ね	の	の

は행

は 는 우리말의 「하」에 가까운 발음이지만, 너무 약하게 발음하지 않도록 주의해야 한다. 영어의 로마자 표기는 〔ha〕이다.

ひ 는 우리말의 「히」에 가까운 발음으로, 영어의 로마자 표기는 〔hi〕이다.

ふ 는 우리말의 「후」에 가까운 발음으로, 촛불을 끌 때처럼 부드럽게 발음한다. 영어의 로마자 표기는 〔hu〕이다.

へ 는 우리말의 「헤」에 가까운 발음으로, 영어의 로마자 표기는 〔he〕이다.

ほ 는 우리말의 「호」에 가까운 발음으로, 영어의 로마자 표기는 〔ho〕이다.

단어 읽기 연습

- はは 어머니 (母)
- へさき 뱃머리 (舳先)
- ほん 책 (本)
- へや 방 (部屋)
- ひと 사람 (人)
- ほそい 가늘다 (細)
- ほね 뼈 (骨)
- はる 봄(春)
- ふね 배 (船)
- さは 좌파 (左派)
- はこ 상자 (箱)

は

い に は

하〔ha〕

は は

は

は

は は

ひ

ひ

히〔hi〕

ひ ひ

ひ

ひ

ひ ひ

ふ

、 ふ ふ ふ

후〔hu〕

ふ ふ

ふ

ふ

ふ ふ

へ

へ

헤〔he〕

ほ

ﾚ ㇾ に ほ

호〔ho〕

단어 쓰기 연습

어머니(母)		사람(人)		배(船)		방(部屋)		책(本)	
は	は	ひ	と	ふ	ね	へ	や	ほ	ん

は	は	ひ	ひ	ふ	ふ	へ	へ	ほ	ほ
は	は	ひ	ひ	ふ	ふ	へ	へ	ほ	ほ
は	は	ひ	ひ	ふ	ふ	へ	へ	ほ	ほ

ま행

마	미	무	메	모

ま 는 우리말의 「마」에 가까운 발음으로. 영어의 로마자 표기는 〔ma〕이다.

み 는 우리말의 「미」에 가까운 발음으로. 영어의 로마자 표기는 〔mi〕이다.

む 는 우리말의 「무」에 가까운 발음으로. 영어의 로마자 표기는 〔mu〕이다.

め 는 우리말의 「메」에 가까운 발음으로. 영어의 로마자 표기는 〔me〕이다.

も 는 우리말의 「모」에 가까운 발음한다. 영어의 로마자 표기 발음은 〔mo〕이다.

단어 읽기 연습

- **ます** 송어 (鱒)
- **めい** 조카딸 (姪)
- **くみ** 조 (組)
- **いも** 감자 (藷)
- **みち** 길 (道)
- **もも** 복숭아 (桃)
- **ぬすむ** 훔치다
- **むし** 벌레 (虫)
- **むすめ** 딸 (娘)
- **くも** 곰 (熊)
- **あめ** 엿 (飴)
- **あたま**머리 (頭)

ま

一 ＝ ま

마(ma)

み

ス み

미(mi)

む

一 む む

무(mu)

め

ヽ め

메〔me〕

も

し も も

모〔mo〕

단어 쓰기 연습

송어		길		조카 딸		복숭아		벌레(虫)	
ま	す	み	ち	め	い	も	も	む	し

ま	ま	み	み	む	む	め	め	も	も
ま	ま	み	み	む	む	め	め	も	も
ま	ま	み	み	む	む	め	め	も	も

や행

や 는 우리말의 「야」에 가까운 발음으로. 영어의 로마자 표기는 〔ya〕이다.

ゆ 는 우리말의 「유」에 가까운 발음이지만. 발음할 때 입술을 앞으로 내밀어서는 안된다. 영어의 로마자 표기는 〔yu〕이다.

よ 는 우리말의 「요」에 가까운 발음이다. 그러나 「유」의 발음과 마찬가지로 입술을 앞으로 내밀어서는 안된다. 영어의 로마자 표기는 〔yo〕이다.

단어 읽기 연습

- やま 산 (山)
- ゆき 눈 (雪)
- よこ 옆, 가로 (横)
- やよい 음력 3월 (彌生)
- ようき 용기 (用器)
- よる 밤 (夜)
- ゆうべ 어젯밤
- やきにく 불고기
- やさい 야채

や	や	や						
	や							
つ ぅ や 야〔ya〕	や							
や								
や								

ゆ	ゆ	ゆ						
	ゆ							
い ゆ 유〔yu〕	ゆ							
ゆ								
ゆ								

よ	よ	よ						
	よ							
ˉ よ 요〔yo〕	よ							
よ								
よ								

ら행	

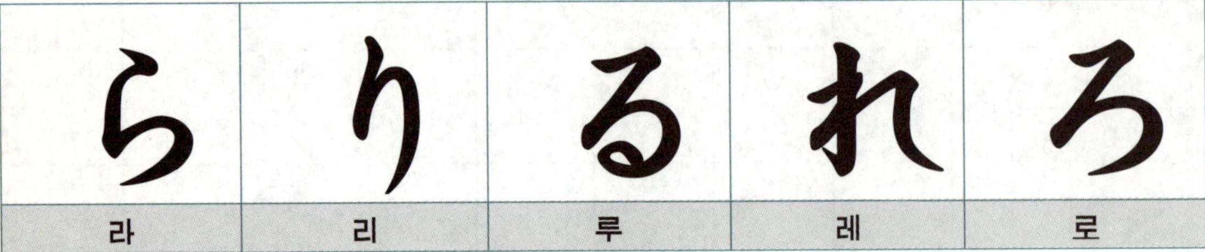

라	리	루	레	로

우리말의 「라, 리, 루, 레, 로」이다. 우리말에서는 말의 첫 머리에 〔r〕음이 오지 않지만, 일본어에서는 〔r〕음이 올 수 있다.

ら 는 우리말의 「라」에 가까운 발음으로. 영어의 로마자 표기는 〔ra〕이다.

り 는 우리말의 「리」에 가까운 발음으로. 영어의 로마자 표기는 〔ri〕이다.

る 는 우리말의 「루」에 가까운 발음으로. 영어의 로마자 표기는 〔ru〕이다.

れ 는 우리말의 「레」에 가까운 발음으로. 영어의 로마자 표기는 〔re〕이다.

ろ 는 우리말의 「로」에 가까운 발음으로. 영어의 로마자 표기는 〔ro〕이다.

단어 읽기 연습

- らく 즐거움 (樂)
- れきし 역사 (歷史)
- そり 썰매 (橇)
- りく 육지 (陸)
- ろく 여섯 (六)
- する …하다
- るす 부재중 (留守)
- そら 하늘 (空)
- ひる 낮, 점심

ら

ら ら

ら ら ら ら ら

라〔ra〕

り

り り

り り り り り

리〔ri〕

る

る る

る る る る る

루〔ru〕

れ

れ

레〔re〕

ろ

ろ

로〔ro〕

단어 쓰기 연습

즐거움(楽)		육지(陸)		부재중		여섯(六)		하늘(空)	
ら	く	り	く	る	す	ろ	く	そ	ら

ら	ら	り	り	る	る	れ	れ	ろ	ろ
ら	ら	り	り	る	る	れ	れ	ろ	ろ
ら	ら	り	り	る	る	れ	れ	ろ	ろ

わ행

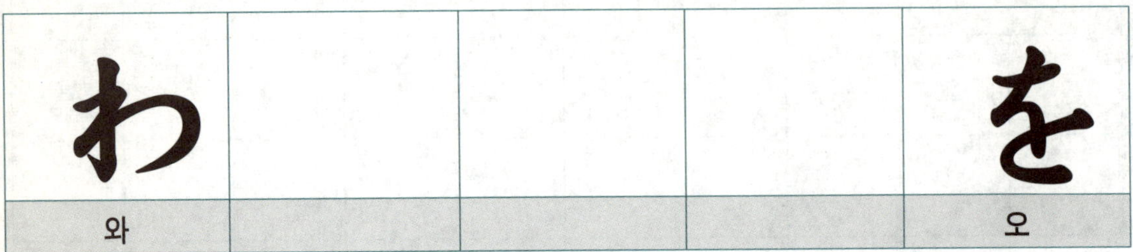

わ 는 우리말의 「와」에 가까운 발음으로. 영어의 로마자 표기는 〔wa〕이다.

を 는 우리말의 「오」에 가까운 발음으로. 영어의 로마자 표기는 〔wo〕이다.
「を」는 「お」와 발음이 같으며. 조사(을, 를)로 쓰일 때만 표기하는 문자이다.

단어 읽기 연습

- わに 악어
- わる 나쁜 짓. 나쁜 사람
- われ 나, 자신 (我)
- わかい 젊다
- わかめ 미역
- わき 겨드랑이
- わた 목화

わ

丨 わ

와〔wa〕

を

一 ち を

오〔wo〕

단어 쓰기 연습

악어	나쁜 짓	나, 자신(我)	목화	겨드랑이
わに	わる	われ	わた	わき

ん 는 여러 가지 형태로 발음되며, 영어의 로마자 표기 발음으로는 〔m, n, ng〕이다.

이 「ん」은 원래의 일본어에는 없던 것이 한자의 영향으로 생겼다고 말하여 지고 있으며, 말머리에는 쓰이지 않는다. 「ん」은 우리말의 받침과 같은 것으로, 뒤에 오는 글자에 따라서 〔m〕도 되고, 〔n〕도 되고, 〔ng〕도 된다.

예를들면

- か、が行 앞에서는 'ŋ'으로 발음한다.(ぶんか: 문화 にんげん: 인간)
- ざ、た、だ、な、ら行 앞에서는 'n'으로 발음한다.(かんじ: 한자 おんな: 여자)
- あ、さ、は、や、わ行 앞과 끝음에서는 'h (ŋ)'과 'n'의 중간음으로 발음한다.

(はんい: 범위 こんやく: 약혼 ほんだな: 책장 ほんや: 서점)

ん

ん

응

や	や	ゆ	ゆ	よ	よ	わ	わ	を	ん
や	や	ゆ	ゆ	よ	よ	わ	わ	を	ん
や	や	ゆ	ゆ	よ	よ	わ	わ	を	ん

が행 탁음(濁音)

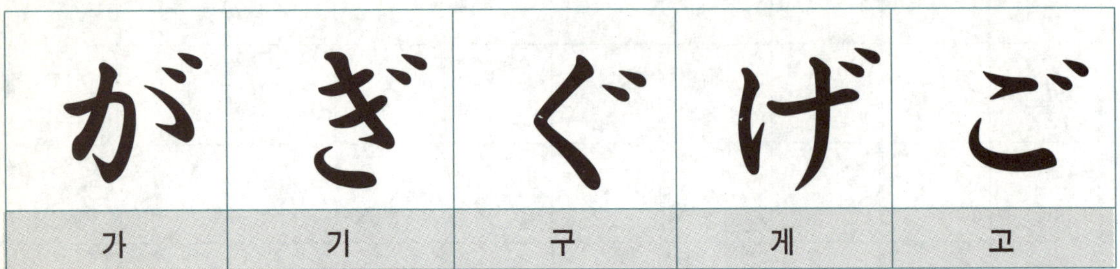

앞에서 암기한「か, き, く, け, こ」에 탁음을 붙이면 로마자의〔k〕가 전부〔g〕로 변해「が, ぎ, ぐ, げ, ご」가 된다. 그러므로〔k〕의 청음과〔g〕의 탁음은 처음부터 정확히 구별해서 익혀야 한다. 처음에는 의식적으로라도 청음은 강하게 발음하고 탁음은 약하게 발음하는 연습을 하는것이 좋다.

が 는 우리말의 어두에 오는 '가'가 아니라 어중에 오는 '가' 음이다. 예를 들면 '내가'의 '가'에 해당하는 음이다. 영어의 로마자 표기는〔ga〕이다.

ぎ 는 우리말의 어두에 오는「기」가 아니라 어중에 오는 '기' 음으로. 예를들면 '아기'의 '기'에 해당하는 음이다. 영어의 로마자 표기는〔gi〕이다.

ぐ 는 우리말의 어두에 오는「구」가 아니라 어중에 오는 '구' 음으로. 예를들면 '아구'의 '구'에 해당하는 음이다. 영어의 로마자 표기는〔gu〕이다.

げ 는 우리말의 어두에 오는「게」가 아니라 어중에 오는 '게' 음으로. 예를들면 '싸게해 주세요'의 '게'에 해당하는 음이다. 영어의 로마자 표기는〔ge〕이다.

ご 는 우리말의 어두에 오는「고」가 아니라 어중에 오는 '고' 음이다. 예를들면 '사고'의 '고'에 해당하는 음이다. 영어의 로마자 표기는〔go〕이다.

단어 읽기 연습

- げつ 달 (月)
- かぐ 가구 (家具)
- ござ 돗자리
- すぐ 즉시, 곧
- かげ 그림자

が

가〔ga〕

ぎ

기〔gi〕

ぐ

구〔gu〕

げ

게〔ge〕

ご

고〔go〕

단어 쓰기 연습

달(月)		가구		돗자리		곧		그림자	
げ	つ	か	ぐ	ご	ざ	す	ぐ	か	げ

ざ행

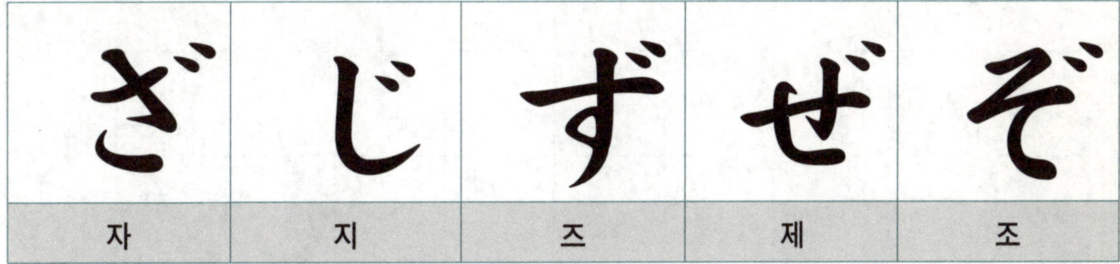

자	지	즈	제	조

ざ 는 우리말의 「자」에 가까운 발음으로. 영어의 로마자 표기는 〔za〕이다.

じ 는 우리말의 「지」에 가까운 발음으로. 영어의 로마자 표기는 〔zi〕이다.

ず 는 우리말의 「즈」에 가까운 발음으로. 영어의 로마자 표기는 〔zu〕이다.

ぜ 는 우리말의 「제」에 가까운 발음으로. 영어의 로마자 표기는 〔ze〕이다.

ぞ 는 우리말의 「조」에 가까운 발음으로. 영어의 로마자 표기는 〔zo〕이다.

단어 읽기 연습

- ぎんざ 긴자 (일본지명)
- ぞうに 떡국 (일본식)
- しずか 조용함, 평온함
- あおぞら 푸른 하늘
- じしん: 지진
- みず 물
- さまざま 여러 가지, 각양각색
- ざっし 잡지
- すずしい 시원하다, 서늘하다
- かぜ 바람

ざ

자〔za〕

ざ ざ ざ ざ ざ

じ

지〔zi〕

じ じ じ じ じ

ず

즈〔zu〕

ず ず ず ず

ぜ

제〔ze〕

ぞ

조〔zo〕

단어 쓰기 연습

물		바람		긴자 (일본지명)			지진		
み	ず	か	ぜ	ぎ	ん	ざ	じ	し	ん

だ행

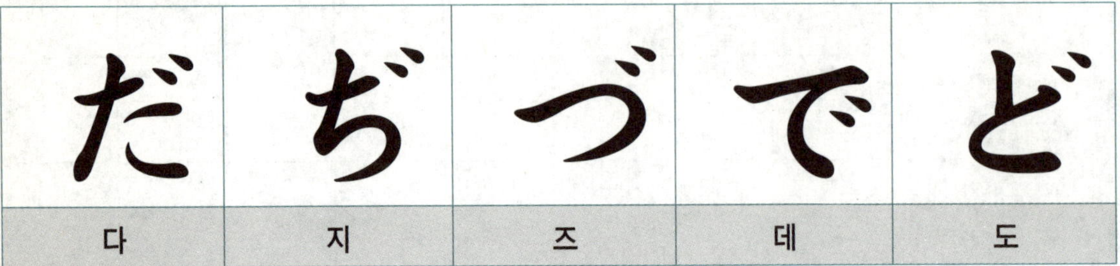

だ	ぢ	づ	で	ど
다	지	즈	데	도

だ 는 우리말의 어두에 오는 「다」가 아니라, 어중, 또는 어미에 오는 '다'음으로. 예를들면 '하다'의 '다'에 해당하는 음이다. 영어의 로마자 표기는 〔da〕이다.

ぢ 는 우리말의 「지」에 가까운 발음으로. 영어의 로마자 표기는 〔dsi〕이다. 현재는 'じ'와 같은 발음으로 쓰이는 경우가 많다.

づ 는 우리말의 「즈」에 가까운 발음으로. 영어의 로마자 표기는 〔dsu〕이다. 현재는 'ず'와 같은 발음으로 많이 쓰이고 있다.

で 는 우리말의 어두에 오는 「데」가 아니라, 어중에 오는 '데'음으로. 예를들면 '그런데' 의 '데'에 해당하는 음이다. 영어의 로마자 표기는 〔de〕이다.

ど 는 우리말의 어두에 오는 「도」가 아니라, 어중에 오는 '도' 음이다. 예를들면 '나도'의 '도'에 해당하는 음이다. 영어의 로마자 표기는 〔do〕이다.

단어 읽기 연습

- だいがく 대학
- どこ 어디
- どろぼう 도둑
- つづく 계속되다
- ただ 공짜
- はなぢ 코피
- みかづき 초승달
- つづみ 장구
- でんわ 전화

だ

다〔da〕

ぢ

지〔dsi〕

づ

즈〔dsu〕

で

데〔de〕

ど

도〔do〕

단어 쓰기 연습

어디		공짜		전화			계속되다		
ど	こ	た	だ	で	ん	わ	つ	づ	く

ば행

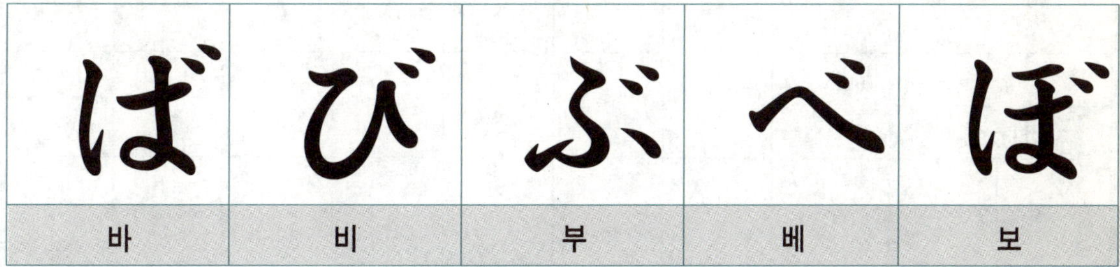

ば	び	ぶ	べ	ぼ
바	비	부	베	보

ば 는 우리말의 「바」에 가까운 발음으로. 영어의 로마자 표기는 〔ba〕이다.

び 는 우리말의 「비」에 가까운 발음으로. 영어의 로마자 표기는 〔bi〕이다.

ぶ 는 우리말의 「부」에 가까운 발음으로. 영어의 로마자 표기는 〔bu〕이다.

べ 는 우리말의 「베」에 가까운 발음으로. 영어의 로마자 표기는 〔be〕이다.

ぼ 는 우리말의 「보」에 가까운 발음으로. 영어의 로마자 표기는 〔bo〕이다.

단어 읽기 연습

- ばら 장미
- ぶた 돼지
- ぼうし 모자
- びょういん 병원
- こうべ 코베 (神戸, 일본지명)
- たばこ 담배
- かべ 벽
- くび 목 (首)
- なべ 냄비
- ぼろ 걸레, 누더기
- さば 고등어

ば

바〔ba〕

ば ば ば ば ば

び

비〔bi〕

び び び び び

ぶ

부〔bu〕

ぶ ぶ ぶ ぶ ぶ

べ

베〔be〕

べ べ べ

べ べ

ぼ

보〔bo〕

ぼ ぼ ぼ

ぼ ぼ

단어 쓰기 연습

걸레, 누더기	돼지	목(首)	냄비	고등어
ぼろ	ぶた	くび	なべ	さば

ぱ행	반탁음(半濁音)

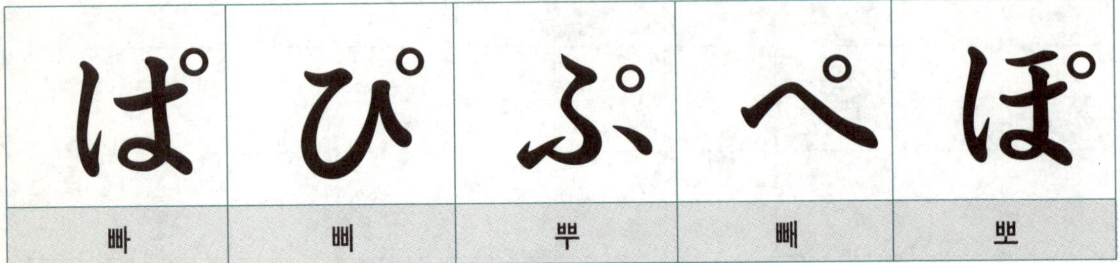

ぱ	ぴ	ぷ	ぺ	ぽ
빠	삐	뿌	뻬	뽀

「は, ひ, ふ, へ, ほ」의 오른쪽위에 「 ° 」이 찍힌 글자를 반탁음이라고한다. 반탁음를 붙이면 〔h〕음이 〔p〕음으로 되어 「ぱ, ぴ, ぷ, ぺ, ぽ」로 표기한다. 발음은 우리말의 「파, 피, 푸, 페, 포」와 「빠, 삐, 뿌, 뻬, 뽀」와 비슷한데, 일반적으로 「빠, 삐, 뿌, 뻬, 뽀」에 더 가깝게 발음한다.

ぱ 는 우리말의 「빠」에 가까운 발음으로. 영어의 로마자 표기는 〔pa〕이다.

ぴ 는 우리말의 「삐」에 가까운 발음으로. 영어의 로마자 표기는 〔pi〕이다.

ぷ 는 우리말의 「뿌」에 가까운 발음으로. 영어의 로마자 표기는 〔pu〕이다.

ぺ 는 우리말의 「뻬」에 가까운 발음으로. 영어의 로마자 표기는 〔pe〕이다.

ぽ 는 우리말의 「뽀」에 가까운 발음으로. 영어의 로마자 표기는 〔po〕이다.

단어 읽기 연습

- しゅっぱつ 출발 • ぴかぴか 번쩍번쩍 빛나는 모양 • えんぴつ 연필
- ぷすぷす 불이 잘 붙지 않고 연기가 많이 나는 모양
- てんぷら 튀김 • たんぽぽ 민들레 • りっぱ 훌륭함

ぱ

빠〔pa〕

ぱ ぱ ぱ ぱ ぱ

ぴ

삐〔pi〕

ぴ ぴ ぴ ぴ ぴ

ぷ

뿌〔pu〕

ぷ ぷ ぷ ぷ ぷ

ぺ

ぺ ぺ ぺ ぺ ぺ

뻬〔pe〕

ぽ

ぽ ぽ ぽ ぽ ぽ

뽀〔po〕

단어 쓰기 연습

훌륭함		연필				튀김			
りっ	ぱ	え	ん	ぴ	つ	て	ん	ぷ	ら

촉음(促音)

「っ」는 우리말의 받침처럼 쓰이며 다음에 오는 음에 따라 발음이 달라진다.

「かきくけこ」앞에서는 「ㄱ」받침으로 소리가 난다.	か행
「さしすせそ」앞에서는 「ㅅ」받침으로 소리가 난다.	さ행
「たちつてと」 앞에서는 「ㄷ」받침으로 소리가 난다.	た행
「ぱぴぷぺぽ」앞에서는 「ㅂ」받침으로 소리가 난다.	ぱ행

'っ' 다음에 오는 말이 격음이 되는것에 유의하고, 'っ'도 1박자의 음으로 발음한다는 사실에 유의해서 조금 길게 발음한다는 느낌으로 발음해야 한다.

단어 읽기 연습

- しっかり 단단히
- かっくり 풀이 죽은
- いっこ 한 개
- いっしき 한 벌
- びっくり 깜짝놀라는 모양
- くっきり 뚜렷한 모양
- はっけ 점 (八卦)
- いっさつ 한 권
- ざっし 잡지
- がっこう 학교
- やっぱり 역시, 결국
- けってい 결정(決定)
- にっぽん 일본(日本)
- まったく 전혀, 완전히

장음(長音)

한 음절의 길이를 길게 발음하는 것을 장음이라고 한다.

장음의 표기는 히라가나에서는 あ행(あ, い, う, え, お)을 삽입하여 표기하지만, 가타카나에서는 장음 표시를 「ー」로 표기 한다.

あ	おばあさん 할머니 ー おばさん 아주머니	**あーあ**
い	おじいさん 할아버지 ー おじさん 아저씨	**いーい**
う	ゆうき 용기 ー ゆき 눈	**うーう**
え	めいし 명함 ー めし 밥	**えーえ 또는 い**
お	おおい 많다 ー おい 조카	**おーう또는 お**

위와 같이 일본어는 발음의 장단에 따라 그 의미가 달라지므로 특히 장음에 유의해야 한다.

다음 단어들의 장단음의 차이를 살펴보자.

さ	(差、 차이)	さあ	(자아)
い	(胃, 위)	いい	(좋다)
く	(九, 아홉)	くう	(먹다)
え	(繪, 그림)	ええ	(네)
お	(尾, 꼬리)	おお	(오오)
ふけ	(頭垢, 머리의 비듬)	ふうけい	(風景, 풍경)
よめ	(嫁, 며느리, 신부)	よめい	(余命, 남은 목숨)
ここ	(여기)	こうこう	(高校, 고등학교)

요음(拗音)

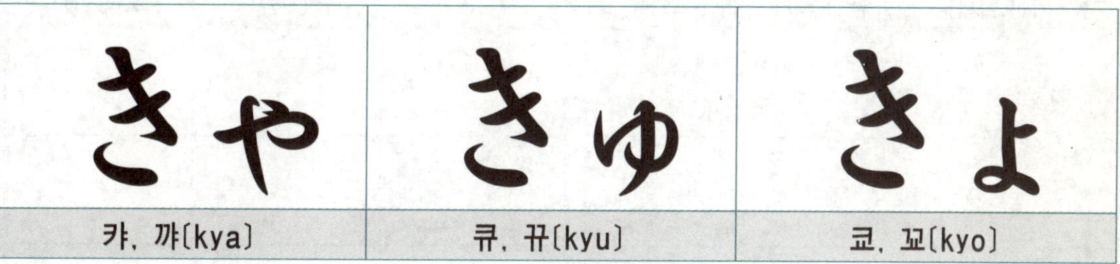

캬, 꺄〔kya〕	큐, 뀨〔kyu〕	쿄, 꾜〔kyo〕

「き, し, ち, に, み, り, ぎ, じ, ぢ, び, ぴ」에 「ゃ, ゅ, ょ」를 작게 써서 한 음절로 발음하는 글자

갸〔kya〕 규〔kyu〕 교〔kyo〕는 단어의 첫머리에 오면 「갸, 규, 교」로 발음하지만, 단어의 중간이나 끝에 오면 「꺄, 뀨, 꾜」로 발음한다.

きゃ 는 우리말의 「캬」와 「갸」의 중간 발음으로, 영어의 로마자 표기는 〔kya〕이다.

きゅ 는 우리말의 「큐」와 「규」의 중간 발음으로, 영어의 로마자 표기는 〔kyu〕이다.

きょ 는 우리말의 「쿄」와 「교」의 중간 발음으로, 영어의 로마자 표기는 〔kyo〕이다.

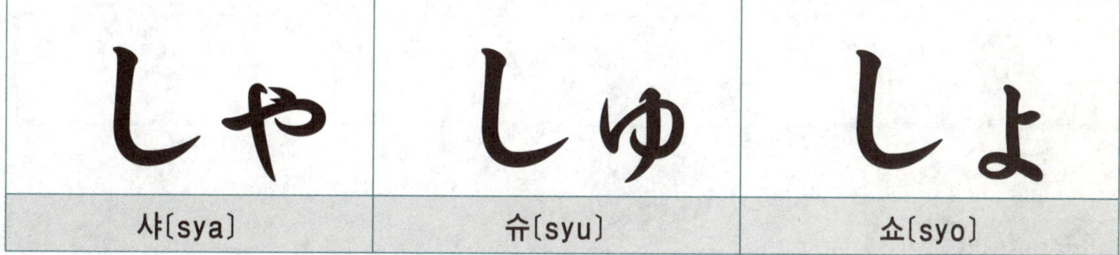

샤〔sya〕	슈〔syu〕	쇼〔syo〕

しゃ 는 우리말의 「샤」에 가까운 발음으로, 영어의 로마자 표기는 〔sha〕이다.

しゅ 는 우리말의 「슈」에 가까운 발음으로, 영어의 로마자 표기는 〔shu〕이다.

しょ 는 우리말의 「쇼」에 가까운 발음으로, 영어의 로마자 표기는 〔sho〕이다.

단어 읽기 연습

- きゃく 손님 (客)
- きょり 거리(距離), 간격
- きょう 오늘
- しょうかい 소개 (紹介)

きゃ	きゅ	きょ	しゃ	しゅ	しょ
캬, 꺄〔kya〕	큐, 뀨〔kyu〕	쿄, 꾜〔kyo〕	샤〔sya〕	슈〔syu〕	쇼〔syo〕
きゃ	きゅ	きょ	しゃ	しゅ	しょ

단어 쓰기 연습

손님		거리		오늘		소개			
きゃ	く	きょ	り	きょ	う	しょ	う	か	い

ちゃ	ちゅ	ちょ
챠, 쨔〔cya〕	츄, 쮸〔cyu〕	쵸, 쬬〔cyo〕

단어의 첫머리에 오면 「챠, 츄, 쵸」로 발음하지만, 단어의 중간이나 끝에 오면 「쨔, 쮸, 쬬」로 발음한다.

ちゃ 는 우리말의 「챠」에 가까운 발음으로, 영어의 로마자 표기는 〔cha〕이다.

ちゅ 는 우리말의 「츄」에 가까운 발음으로, 영어의 로마자 표기는 〔chu〕이다.

ちょ 는 우리말의 「쵸」에 가까운 발음으로, 영어의 로마자 표기는 〔cho〕이다.

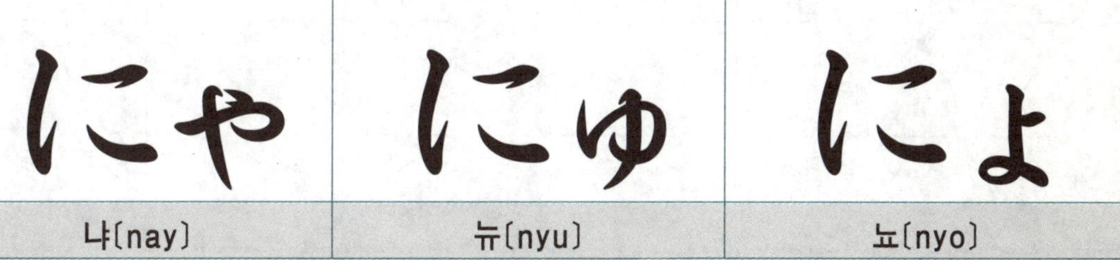

にゃ	にゅ	にょ
냐〔nay〕	뉴〔nyu〕	뇨〔nyo〕

にゃ 는 우리말의 「냐」에 가까운 발음으로, 영어의 로마자 표기는 〔nya〕이다.

にゅ 는 우리말의 「뉴」에 가까운 발음으로, 영어의 로마자 표기는 〔nyu〕이다.

にょ 는 우리말의 「뇨」에 가까운 발음으로, 영어의 로마자 표기는 〔nyo〕이다.

단어 읽기 연습

- **おちゃ** 차 (茶)
- **ちゅうもん** 주문
- **にゅういん** 입원 (入院)
- **にゅうもん** 입문
- **にょうぼう** 처, 아내, 마누라 (女房)

ちゃ	ちゅ	ちょ	にゃ	にゅ	にょ
쨔〔cha〕	쮸〔chu〕	쬬〔cho〕	냐〔nya〕	뉴〔nyu〕	뇨〔nyo〕
ちゃ	ちゅ	ちょ	にゃ	にゅ	にょ

단어 쓰기 연습

차(茶)		주문				입문			
お	ちゃ	ちゅ	う	も	ん	にゅ	う	も	ん

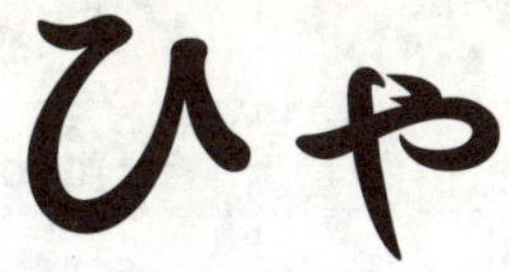	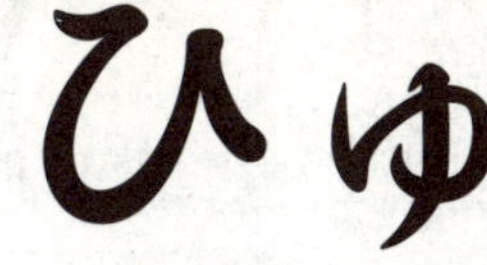	
햐〔hya〕	휴〔hyu〕	효〔hyo〕

ひゃ 는 우리말의 「햐」에 가까운 발음으로. 영어의 로마자 표기는 〔hya〕이다.

ひゅ 는 우리말의 「휴」에 가까운 발음으로. 영어의 로마자 표기는 〔hyu〕이다.

ひょ 는 우리말의 「효」에 가까운 발음으로. 영어의 로마자 표기는 〔hyo〕이다.

먀〔mya〕	뮤〔myu〕	묘〔myo

みゃ 는 우리말의 「먀」에 가까운 발음으로. 영어의 로마자 표기는 〔mya〕이다.

みゅ 는 우리말의 「뮤」에 가까운 발음으로. 영어의 로마자 표기는 〔myu〕이다.

みょ 는 우리말의 「묘」에 가까운 발음으로. 영어의 로마자 표기는 〔myo〕이다.

단어 읽기 연습

- ひゃく 백 (百)
- ひょうか 평가 (評價)
- みょうぎ 묘기(妙技)
- みょうじ 성(姓). 씨(氏)
- みゃく 맥. 맥박(脈)

ひゃ	ひゅ	ひょ	みゃ	みゅ	みょ
햐〔hya〕	휴〔hyu〕	효〔hyo〕	먀〔mya〕	뮤〔myu〕	묘〔myo〕
ひゃ	ひゅ	ひょ	みゃ	みゅ	みょ

단어 쓰기 연습

백(百)		휘파람				산맥			
ひゃ	く	ひゅ	う	ひゅ	う	さ	ん	みゃ	く

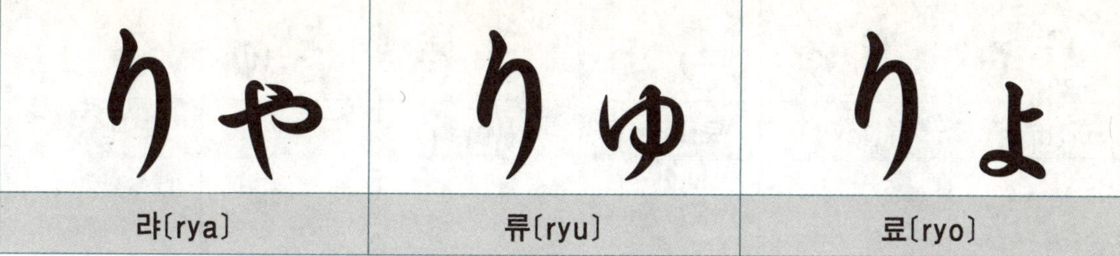

りゃ 는 우리말의 「랴」에 가까운 발음으로. 영어의 로마자 표기는 〔rya〕이다.

りゅ 는 우리말의 「류」에 가까운 발음으로. 영어의 로마자 표기는 〔ryu〕이다.

りょ 는 우리말의 「료」에 가까운 발음으로. 영어의 로마자 표기는 〔ryo〕이다.

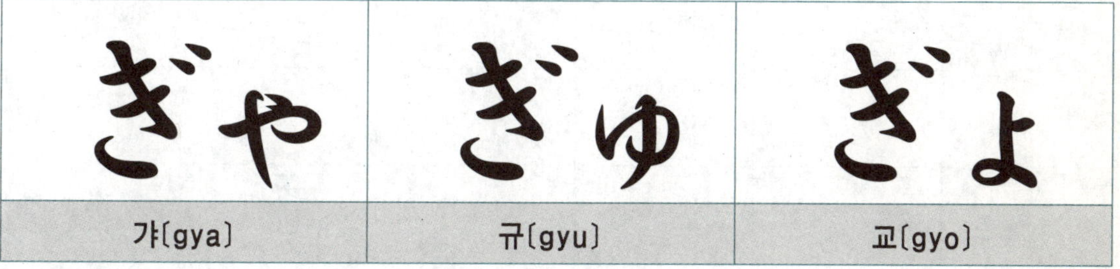

ぎゃ 는 우리말의 어중에 오는 「갸」에 가까운 발음으로.
영어의 로마자 표기는 〔gya〕이다.

ぎゅ 는 우리말의 어중에 오는 「규」에 가까운 발음으로.
영어의 로마자 표기는 〔gyu〕이다.

ぎょ 는 우리말의 어중에 오는 「교」에 가까운 발음으로.
영어의 로마자 표기는 〔gyo〕이다.

단어 읽기 연습

- りゃくじ 약자 (略字)
- りゅうこう 유행 (流行)
- ぎゃく(반대. 거꾸로(逆)
- ぎゅうにゅう 우유 (牛乳)

りゃ	りゅ	りょ	ぎゃ	ぎゅ	ぎょ
랴〔mya〕	류〔myu〕	료〔myo〕	갸〔gya〕	규〔gyu〕	교〔gyo〕
りゃ	りゅ	りょ	ぎゃ	ぎゅ	ぎょ

단어 쓰기 연습

여행			유행				어선		
りょ	こ	う	りゅ	う	こ	う	ぎょ	せ	ん

じゃ	じゅ	じょ
쟈〔ja〕	쥬〔ju〕	죠〔jo〕

じゃ 는 우리말의 「쟈」에 가까운 발음으로. 영어의 로마자 표기는 〔ja〕이다.

じゅ 는 우리말의 「쥬」에 가까운 발음으로. 영어의 로마자 표기는 〔ju〕이다.

じょ 는 우리말의 「죠」에 가까운 발음으로. 영어의 로마자 표기는 〔jo〕이다.

ぢゃ	ぢゅ	ぢょ
쟈〔zya〕	쥬〔zyu〕	죠〔zyo〕

ぢゃ 는 우리말의 「쟈」에 가까운 발음으로. 영어의 로마자 표기는 〔zya〕이다.

ぢゅ 는 우리말의 「쥬」에 가까운 발음으로. 영어의 로마자 표기는 〔zyu〕이다.

ぢょ 는 우리말의 「죠」에 가까운 발음으로. 영어의 로마자 표기는 〔zyo〕이다.

단어 읽기 연습

- じゃま 방해
- じゃがいも 감자
- じゅうりょう 중량. 무게 (重量)
- じゅう 열. 십 (十)

じゃ	じゅ	じょ	ぢゃ	ぢゅ	ぢょ
쟈〔ja〕	쥬〔ju〕	죠〔jo〕	쟈〔zya〕	쥬〔zyu〕	죠〔zyo〕
じゃ	じゅ	じょ	ぢゃ	ぢゅ	ぢょ

단어 쓰기 연습

방해		열(10)		주소			여성		
じゃ	ま	じゅ	う	じゅ	う	しょ	じょ	せ	い

	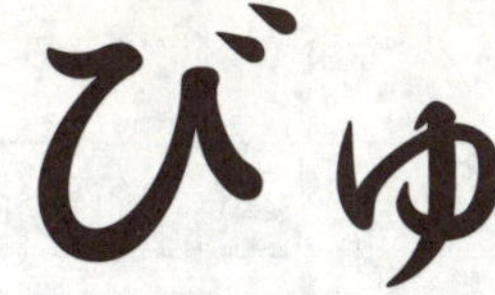	
뱌〔bya〕	뷰〔byu〕	뵤〔byo〕

びゃ 는 우리말의 「뱌」에 가까운 발음으로. 영어의 로마자 표기는 〔bya〕이다.

びゅ 는 우리말의 「뷰」에 가까운 발음으로. 영어의 로마자 표기는 〔byu〕이다.

びょ 는 우리말의 「뵤」에 가까운 발음으로. 영어의 로마자 표기는 〔byo〕이다.

	ぴゅ	ぴょ
뺘〔pya〕	쀼〔pyu〕	뾰〔pyo〕

우리말의 「퍄, 퓨, 표」와 「뺘, 쀼, 뾰」와 비슷하나, 대체로 「뺘, 쀼, 뾰」에 더 가까운 발음을 한다.

ぴゃ 는 우리말의 「뺘」에 가까운 발음으로. 영어의 로마자 표기는 〔pya〕이다.

ぴゅ 는 우리말의 「쀼」에 가까운 발음으로. 영어의 로마자 표기는 〔pyu〕이다.

ぴょ 는 우리말의 「뾰」에 가까운 발음으로. 영어의 로마자 표기는 〔pyo〕이다.

단어 읽기 연습

- びょうき 병, 질병
- びょうしつ 병실 (病室)
- ぴょんぴょん 껑충껑충
- ねんぴょう 년표 (年表)

びゃ	びゅ	びょ	ぴゃ	ぴゅ	ぴょ
뱌〔bya〕	뷰〔byu〕	뵤〔byo〕	퍄, 뺘〔pya〕	퓨,쀼〔pyu〕	표, 뾰〔pyo〕
びゃ	びゅ	びょ	ぴゃ	ぴゅ	ぴょ

단어 쓰기 연습

병, 질병			년표(年表)				깡충깡충			
びょ	う	き	ね	ん	ぴょ	う	ぴょ	ん	ぴょ	ん

カタカナ

가타카나(カタカナ)는 일본 헤이안 시대(平安時代) 초기에 승려들이 불경을 강독(講讀)하면서, 불경의 한자에 음을 달기 위하여 한자의 획을 줄이거나, 한자의 한 부분을 따서 만든 문자로 현대 일본어 표기에 있어서는 다음과 같은 경우에만 한정되어 쓰인다.

1. 외래어
2. 외국의 인명, 지명, 고유명사
3. 의성어, 의태어
4. 단어를 강조할 때

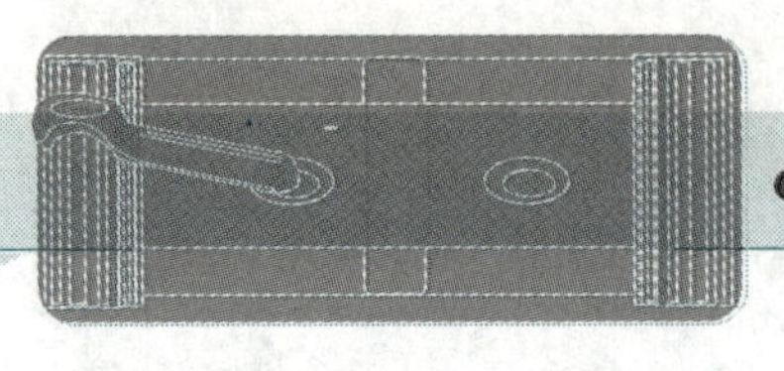

우리말과 일본어에서
마침표와 물음표는 어떻게 다를까요?

① 마침표 :

우리말은 「~.」으로 하지만, 일본어는 「~。」로 표기한다.

㉠ これは ほんです。

(이것은 책입니다.)

② 물음표 :

우리말은 「~?」로 하지만, 일본어의 물음을 표시하는 말은 문장의 끝에 「~か」(…까?)가 있는 경우에 그 문장은 의문문으로 해석해야 한다.

㉠ これは なんですか。

(이것은 무엇입니까?)

ア행	청음(清音)

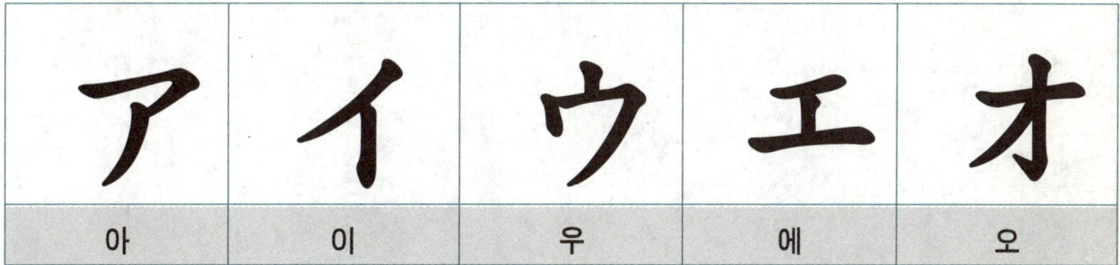

아	이	우	에	오

ア 는 우리말의 「아」에 가까운 발음으로. 영어의 로마자 표기는 〔a〕이다.

イ 는 우리말의 「이」에 가까운 발음으로. 영어의 로마자 표기는 〔i〕이다.

ウ 는 우리말의 「으」와 「우」의 중간 정도 발음으로, 발음할 때 「우」와 같이 입술을 앞으로 내밀어서는 안 된다. 영어의 로마자 표기는 〔u〕이다.

エ 는 우리말의 「에」와 「애」의 중간 정도 발음으로. 영어의 로마자 표기는 〔e〕이다.

オ 는 우리말의 「오」에 가까운 발음으로. 영어의 로마자 표기는 〔o〕이다.

단어 읽기 연습

- **アート** 미술(art)
- **アフリカ** 아프리카(Africa)
- **インチ** 인치(inch)
- **ウインク** 윙크(wink)
- **アイス** 어름(ice)
- **オイル** 기름(oil)
- **インスタント** 인스턴트(instant)
- **エチケット** 에티켓(etiquette)
- **イエス** 네(yes)
- **エア** 공기(air)

ア	ア	ア						
	ア							
㇇ ア	ア							
아〔a〕								
ア								
ア								

イ	イ	イ						
	イ							
ノ イ	イ							
이〔i〕								
イ								
イ								

ウ	ウ	ウ						
	ウ							
' ｲ ウ	ウ							
우〔u〕								
ウ								
ウ								

エ

一 丅 エ

에〔e〕

オ

一 才 オ

오〔o〕

단어 쓰기 연습

미술(art)		인치(inch)			공기(air)		기름(oil)		
アー	ト	イ	ン	チ	エ	ア	オ	イ	ル

ア	ア	イ	イ	ウ	ウ	エ	エ	オ	オ
ア	ア	イ	イ	ウ	ウ	エ	エ	オ	オ
ア	ア	イ	イ	ウ	ウ	エ	エ	オ	オ

カ행

カ	キ	ク	ケ	コ
가	기	구	게	고

앞부분 히라가나의 「か」행에서 발음에 대한 것을 참고 바랍니다

カ 는 우리말의 「카」와 「가」의 중간 발음이지만 「가」에 가까운 발음으로.
영어의 로마자 표기는 〔ka〕이다.

キ 는 우리말의 「키」와 「기」의 중간 발음이지만 「기」에 가까운 발음으로.
영어의 로마자 표기는 〔ki〕이다.

ク 는 우리말의 「쿠」와 「구」의 중간 발음이지만 「구」에 가까운 발음으로.
영어의 로마자 표기는 〔ku〕이다.

ケ 는 우리말의 「케」와 「게」의 중간 발음이지만 「게」에 가까운 발음으로.
영어의 로마자 표기는 〔ke〕이다.

コ 는 우리말의 「코」와 「고」의 중간 발음이지만, 「고」에 가까운 발음으로.
영어의 로마자 표기는 〔ko〕이다.

단어 읽기 연습

- **カー** 자동차(car)
- **カト** 손수레(cart)
- **キー** 키(key)
- **キリストグ** 그리스도(Christo)
- **クール** 시원한(cool)
- **クラス** 학급(class)
- **ケーキ** 케이크(cake)
- **ケーオー** 케이오.(KO)
- **ココア** 코코아(cocoa)
- **コスモス** 코스모스(cosmos)
- **キター** 기타(guitar)
- **キフト** 선물(gift)

カ

フカ

가〔ka〕

キ

一ニキ

기〔ki〕

ク

ノク

구〔ku〕

ケ

ノ ケ ケ

게〔ke〕

コ

フ コ

고〔ko〕

단어 쓰기 연습

손수레(cart)		시원한(cool)		코코아(cocoa)			선물(gift)		
カ	ト	クー	ル	コ	コ	ア	キ	フ	ト

カ	カ	キ	キ	ク	ク	ケ	ケ	コ	コ
カ	カ	キ	キ	ク	ク	ケ	ケ	コ	コ
カ	カ	キ	キ	ク	ク	ケ	ケ	コ	コ

サ행

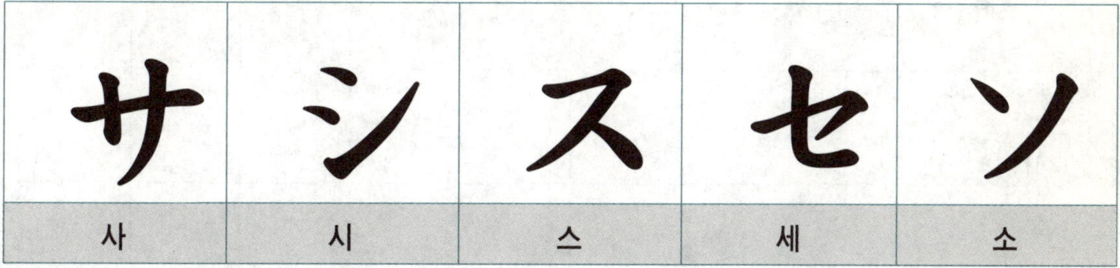

사	시	스	세	소

サ 는 우리말의 「사」에 가까운 발음으로. 영어의 로마자 표기는 〔sa〕이다.

シ 는 우리말의 「시」와 비슷하나 「시」보다는 「쉬」〔shi〕에 가까우며. 영어의 로마자 표기는 〔shi〕이다.

ス 는 우리말의 「스」와 「수」의 중간 정도 발음이지만 우리말의 「스」에 가깝다. 영어의 로마자 표기는 〔su〕이다.

セ 는 우리말의 「세」에 가까운 발음으로. 영어의 로마자 표기는 〔se〕이다.

ソ 는 우리말의 「소」에 가까운 발음으로. 영어의 로마자 표기는 〔so〕이다.

단어 읽기 연습

- **サマー** 여름(summer)
- **シート** 좌석(seat)
- **セーター** 스웨터(sweater)
- **ソース** 소스(sauce)
- **サラリー** 월급(salary)
- **スキー** 스키(ski)
- **セール** 세일(sale)
- **スポンサー** 광고주(sponsor)
- **シーエム** 선전(CM)
- **スカーフ** 스카프(scarf)
- **ソロ** 솔로. 독창(solo)

サ

一 十 サ

사〔sa〕

シ

丶 ミ シ

시〔shi〕

ス

フ ス

스〔su〕

セ

一 セ

세〔se〕

セ セ セ セ セ セ

ソ

丶 ソ

소〔so〕

ソ ソ ソ ソ ソ ソ

단어 쓰기 연습

월급(salary)			좌석(seat)		스키(ski)		독창(solo)	
サ	ラ	リー	シー	ト	ス	キー	ソ	ロ

サ	サ	シ	シ	ス	ス	セ	セ	ソ	ソ
サ	サ	シ	シ	ス	ス	セ	セ	ソ	ソ
サ	サ	シ	シ	ス	ス	セ	セ	ソ	ソ

タ행

タ	チ	ツ	テ	ト
다	치	츠	데	도

앞부분 히라가나의 「た」행에서 발음에 대한 것을 참고 바랍니다

タ 는 우리말의 「타」와 「다」의 중간 정도의 발음이지만 「다」에 가까운 발음으로. 영어의 로마자 표기는 〔ta〕이다.

チ 는 우리말의 「치」와 「찌」의 중간 정도의 발음이지만 「치」에 가까운 발음으로. 영어의 로마자 표기는 〔chi〕이다.

ツ 는 우리말의 「쯔」와 「쓰」의 중간 정도 발음이지만 「츠」에 가까운 발음으로. 영어의 로마자 표기는 〔tsu〕이다.

テ 는 우리말의 「테」와 「데」의 중간 정도의 발음이지만 「데」에 가까운 발음으로. 영어의 로마자 표기는 〔te〕이다.

ト 는 우리말의 「토」와 「도」의 중간 정도의 발음이지만 「도」에 가까운 발음으로. 영어의 로마자 표기는 〔to〕이다.

단어 읽기 연습

- タクシ- 택시
- タイム 시간(time)
- タワー 탑(tower)
- チーム 팀(team)
- ツアー 여행(tour)
- テープ 테이프(tape)
- テーラー양복점(tailor)
- トータル 합계(total)
- トス 던지다(toss)
- チップ 팁(tip)
- ティー 티(tea)

タ

ノ ク タ

다〔ta〕

タ タ タ タ タ タ

チ

ノ 二 チ

치〔chi〕

チ チ チ チ チ チ

ツ

丶 丷 ツ

츠〔tsu〕

ツ ツ ツ ツ ツ ツ

テ

一 ニ テ

데〔te〕

ト

丨 ト

도〔to〕

단어 쓰기 연습

탑(tower)		팀(team)		여행(tour)		합계(total)		
タ	ワー	チー	ム	ツ	アー	トー	タ	ル

タ	タ	チ	チ	ツ	ツ	テ	テ	ト	ト
タ	タ	チ	チ	ツ	ツ	テ	テ	ト	ト
タ	タ	チ	チ	ツ	ツ	テ	テ	ト	ト

ナ행

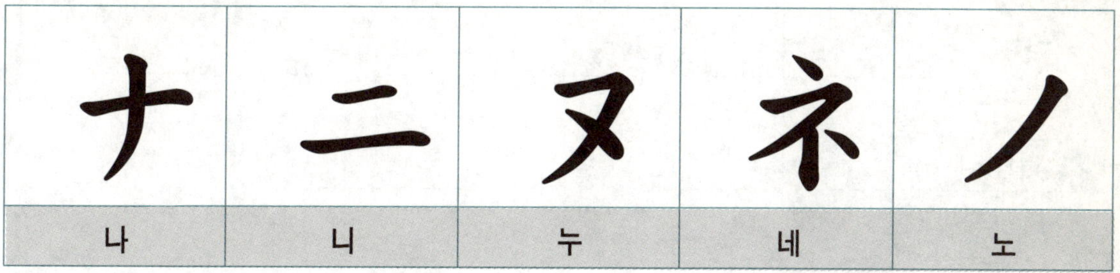

ナ 는 우리말의 「나」에 가까운 발음으로. 영어의 로마자 표기는 〔na〕이다.

ニ 는 우리말의 「니」에 가까운 발음으로. 영어의 로마자 표기는 〔ni〕이다.

ヌ 는 우리말의 「누」에 가까운 발음으로. 영어의 로마자 표기는 〔nu〕이다.

ネ 는 우리말의 「네」에 가까운 발음으로. 영어의 로마자 표기는 〔ne〕이다.

ノ 는 우리말의 「노」에 가까운 발음으로. 영어의 로마자 표기는 〔no〕이다.

단어 읽기 연습

- ナイス 좋음(nice)
- ヌード 나체(nude)
- ノート 노트(note)
- ナトー 북대서양조약기구(NATO)
- ネーム 이름(name)

ナ

一ナ

나〔na〕

ナ ナ ナ ナ ナ ナ

ニ

一ニ

니〔ni〕

ニ ニ ニ ニ ニ ニ

ヌ

フヌ

누〔nu〕

ヌ ヌ ヌ ヌ ヌ ヌ

ネ

ヽ ラ ネ ネ

네〔ne〕

ノ

ノ

노〔no〕

단어 쓰기 연습

좋음(nice)	나체(nude)	이름(name)	노트(note)
ナイス	ヌード	ネーム	ノート

ナ	ナ	ニ	ニ	ヌ	ヌ	ネ	ネ	ノ	ノ
ナ	ナ	ニ	ニ	ヌ	ヌ	ネ	ネ	ノ	ノ
ナ	ナ	ニ	ニ	ヌ	ヌ	ネ	ネ	ノ	ノ

ハ행

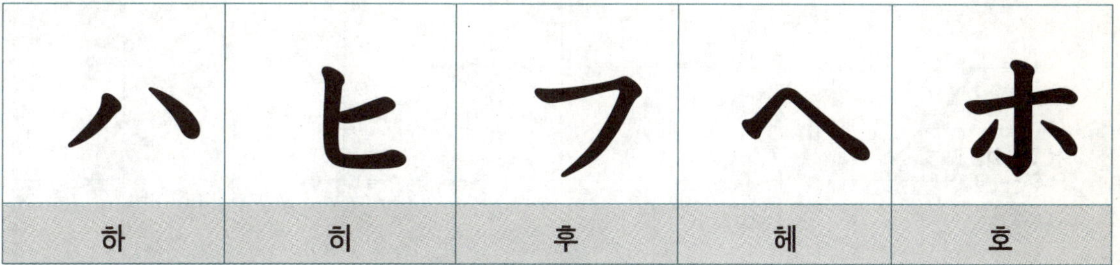

하	히	후	헤	호

ハ 는 우리말의 「하」에 가까운 발음이지만. 발음할 때 너무 약하게 하면 안 된다. 영어의 로마자 표기는 〔ha〕이다.

ヒ 는 우리말의 「히」에 가까운 발음으로. 영어의 로마자 표기는 〔hi〕이다.

フ 는 우리말의 「후」에 가까운 발음으로. 영어의 로마자 표기는 〔hu〕이다.

ヘ 는 우리말의 「헤」에 가까운 발음으로. 영어의 로마자 표기는 〔he〕이다.

ホ 는 우리말의 「호」에 가까운 발음으로. 영어의 로마자 표기는 〔ho〕이다.

단어 읽기 연습

- **ハネムーン** 신혼 여행(honeymoon)
- **ヒント** 힌트(hint)
- **フリー** 자유로움(free)
- **フロア** 마루(floor)
- **ホール** 큰 방(hall)
- **ホテル** 호텔(Hotel)
- **コーヒー** 커피(coffee)

ハ

ノ ハ

하〔ha〕

ヒ

ㇼ ヒ

히〔hi〕

フ

フ

후〔hu〕

へ

へ

헤〔he〕

ホ

一 ナ オ ホ

호〔ho〕

단어 쓰기 연습

신혼 여행(honeymoon)				힌트(hint)			큰 방(hall)	
ハ	ネ	ムー	ン	ヒ	ン	ト	ホー	ル

ハ	ハ	ヒ	ヒ	フ	フ	ヘ	ヘ	ホ	ホ
ハ	ハ	ヒ	ヒ	フ	フ	ヘ	ヘ	ホ	ホ
ハ	ハ	ヒ	ヒ	フ	フ	ヘ	ヘ	ホ	ホ

マ행

マ 는 우리말의 「마」에 가까운 발음으로. 영어의 로마자 표기는 〔ma〕이다.

ミ 는 우리말의 「미」에 가까운 발음으로. 영어 로마자 표기는 〔mi〕이다.

ム 는 우리말의 「무」에 가까운 발음으로. 영어의 로마자 표기는 〔mu〕이다.

メ 는 우리말의 「메」에 가까운 발음으로. 영어의 로마자 표기는 〔me〕이다.

モ 는 우리말의 「모」에 가까운 발음으로. 영어의 로마자 표기는 〔mo〕이다.

단어 읽기 연습

- **マスク** 마스크(mask)
- **マーク** 기호.상표(mark)
- **ミリ** 밀리(milli)
- **ミンク** 밍크(mink)
- **ムード** 기분.분위기(mood)
- **ムービー** 영화(movie)
- **メーカー** 생산자(maker)
- **メーター** 계량기(meter)
- **メモ** 메모(memo)
- **モーター** 전동기(motor)
- **モナコ** 모나코(Monaco)

マ

フ マ

마〔ma〕

ミ

ヽ ミ ミ

미〔mi〕

ム

ㄥ ム

무〔mu〕

メ

ノメ

메〔me〕

メ メ メ メ メ

モ

一 ニ モ

모〔mo〕

モ モ モ モ モ

단어 쓰기 연습

마스크(mask)			밍크(mink)			밀리(milli)		메모(memo)	
マ	ス	ク	ミ	ン	ク	ミ	リ	メ	モ

マ	マ	ミ	ミ	ム	ム	メ	メ	モ	モ
マ	マ	ミ	ミ	ム	ム	メ	メ	モ	モ
マ	マ	ミ	ミ	ム	ム	メ	メ	モ	モ

ヤ행

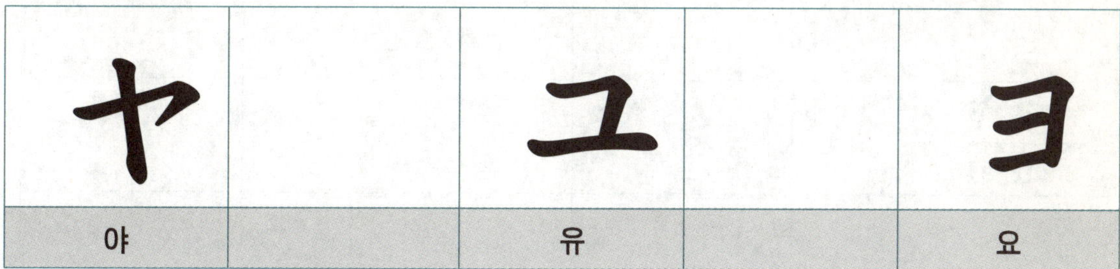

ヤ		ユ		ヨ
야		유		요

ヤ 는 우리말의 「야」에 가까운 발음으로. 영어의 로마자 표기는 〔ya〕이다.

ユ 는 우리말의 「유」에 가까운 발음으로. 발음할 때 입술을 앞으로 내밀어서는 안 된다. 영어의 로마자 표기는 〔yu〕이다.

ヨ 는 우리말의 「요」에 가까운 발음으로. 발음할 때 입술을 앞으로 내밀어서는 안 된다. 영어의 로마자 표기는 〔yo〕이다.

단어 읽기 연습

- **ヤヌス** 야누스(Janus)
- **ユネスコ** 유네스코(UNESCO)
- **ユニホーム** 유니폼(uniform)
- **ヤルタ** 얄타 (Yalta)
- **ヨーグルト** 요구르트 (Yoghurt)

ヤ

ヤ

一 ヤ

야〔ya〕

ヤ ヤ ヤ ヤ ヤ

ユ

ユ

フ ユ

유〔yu〕

ユ ユ ユ ユ ユ

ヨ

ヨ

フ ヲ ヨ

요〔yo〕

ヨ ヨ ヨ ヨ ヨ

ラ행

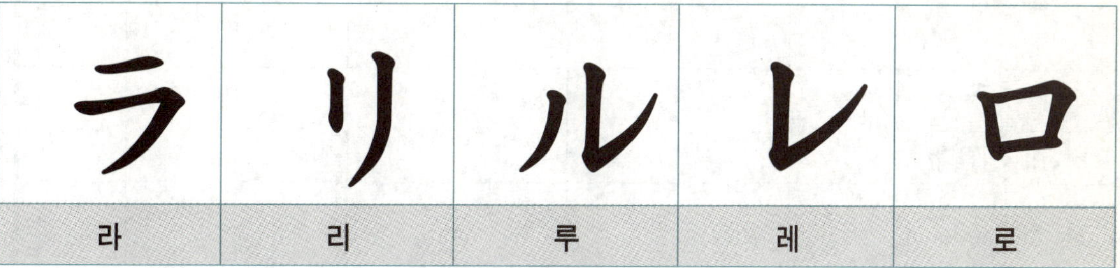

라	리	루	레	로

ラ 는 우리말의 「라」에 가까운 발음으로. 영어의 로마자 표기는 〔ra〕이다.

リ 는 우리말의 「리」에 가까운 발음으로. 영어의 로마자 표기는 〔ri〕이다.

ル 는 우리말의 「루」에 가까운 발음으로. 영어의 로마자 표기는 〔ru〕이다.

レ 는 우리말의 「레」에 가까운 발음으로. 영어의 로마자 표기는 〔re〕이다.

ロ 는 우리말의 「로」에 가까운 발음으로. 영어의 로마자 표기는 〔ro〕이다.

단어 읽기 연습

- **ライフ** 생명(life)
- **ラブ** 사랑(love)
- **リスト**표. 일람표(list)
- **リフト** 승강기(lift)
- **ルーム** 방(room)
- **ルール** 규약. 법칙(rule)
- **ローマ** 로마(Roma)
- **ロス** 낭비, 손실(loss)
- **レース** 끈. 장식용 끈(lace)
- **レール** 레일, 철길(rail)

ラ

一 ラ

라〔ra〕

リ

丨 リ

리〔ri〕

ル

ノ ル

루〔ru〕

レ

レ

레〔re〕

ロ

ロ

로〔ro〕

단어 쓰기 연습

생명(life)			승강기(lift)			편지(letter)		손실(loss)	
ラ	イ	フ	リ	フ	ト	レ	ター	ロ	ス

ラ	ラ	リ	リ	ル	ル	レ	レ	ロ	ロ
ラ	ラ	リ	リ	ル	ル	レ	レ	ロ	ロ
ラ	ラ	リ	リ	ル	ル	レ	レ	ロ	ロ

ワ행

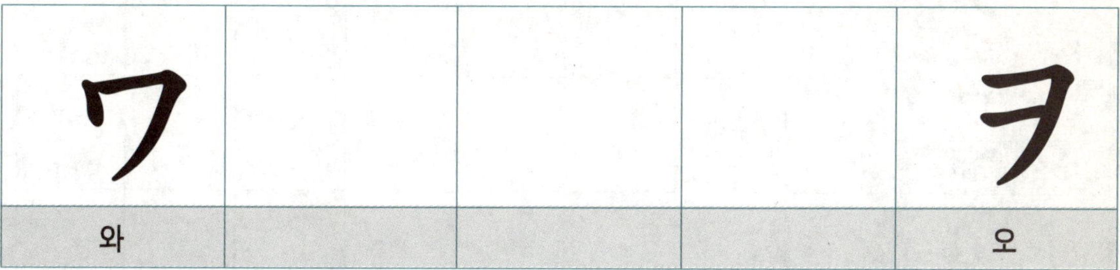

ワ				ヲ
와				오

ワ 는 우리말의 「와」에 가까운 발음으로. 영어의 로마자 표기는 〔wa〕이다.

ヲ 는 우리말의 「오」에 가까운 발음으로. 영어의 로마자 표기는 〔wo〕이다.

단어 읽기 연습

- ワイン 와인(wine)
- ワールド 세계(world)
- ワイフ 아내(wife)
- ワシントン 워싱톤 (Washington)

ワ

ヽ ワ

와〔wa〕

ヲ

一 ニ ヲ

오〔wo〕

단어 쓰기 연습

와인(wine)			아내(wife)			위싱톤 (Washington)				
ワ	イ	ン	ワ	イ	フ	ワ	シ	ン	ト	ン

이 「ン」은 원래의 일본어에는 없던 것이 한자의 영향으로 생겼다고 하는데, 말머리에는 쓰여지지 않는다.

「ン」는 우리말의 받침과 같은 것으로, 뒤에 오는 글자에 따라서 〔m〕도 되고 〔n〕도 되고 〔ng〕도 된다.

ン 는 우리말의 「응」에 가까운 발음으로. 영어의 로마자 표기는 〔n, m, ng〕이다.

ン

응〔n,m,ng〕

ヤ	ヤ	ユ	ユ	ヨ	ヨ	ワ	ワ	ヲ	ン
ヤ	ヤ	ユ	ユ	ヨ	ヨ	ワ	ワ	ヲ	ン
ヤ	ヤ	ユ	ユ	ヨ	ヨ	ワ	ワ	ヲ	ン

ガ행	탁음(濁音)

ガ	ギ	グ	ゲ	ゴ
가	기	구	게	고

ガ 는 우리말의 「가」에 가까운 발음으로. 영어의 로마자 표기는 〔ga〕이다.

ギ 는 우리말의 「기」에 가까운 발음으로. 영어의 로마자 표기는 〔gi〕이다.

グ 는 우리말의 「구」에 가까운 발음으로. 영어의 로마자 표기는 〔gu〕이다.

ゲ 는 우리말의 「게」에 가까운 발음으로. 영어의 로마자 표기는 〔ge〕이다.

ゴ 는 우리말의 「고」와 가까운 발음으로. 영어의 로마자 표기는 〔go〕이다.

단어 읽기 연습

- **ガーナ**가나(Ghana)
- **ガール**소녀(girl)
- **グローブ** 장갑(glove)
- **グラウンド**운동장(ground)
- **グリーン**초록색(green)
- **ゴルフ**골프(golf)
- **ゲート**문. 출입구(gate)
- **ゲーム**경기. 시합(game)
- **ゲスト**손님(guest)

ガ

가〔ga〕

ガ ガ ガ ガ ガ

ギ

기〔gi〕

ギ ギ ギ ギ ギ

グ

구〔gu〕

グ グ グ グ グ

ゲ

게〔ge〕

ゲ ゲ ゲ ゲ ゲ

ゴ

고〔go〕

ゴ ゴ ゴ ゴ ゴ

단어 쓰기 연습

소녀(girl)		운동장(ground)					골프(golf)		
ガー	ル	グ	ラ	ウ	ン	ド	ゴ	ル	フ

ザ행

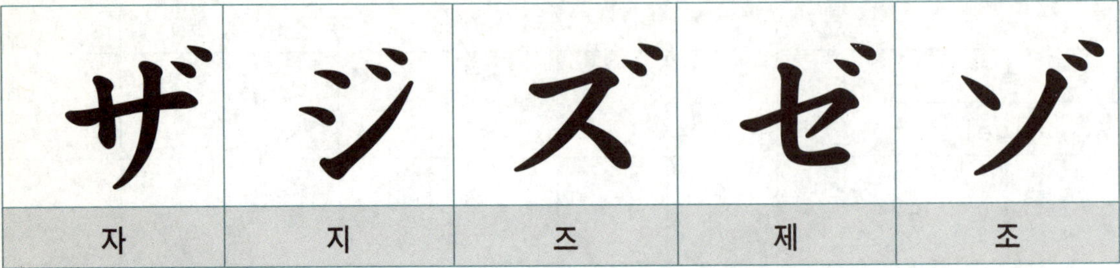

자	지	즈	제	조

ザ 는 우리말의 「자」에 가까운 발음으로. 영어의 로마자 표기는 〔za〕이다.

ジ 는 우리말의 「지」에 가까운 발음으로. 영어의 로마자 표기는 〔zi〕이다.

ズ 는 우리말의 「즈」에 가까운 발음으로. 영어의 로마자 표기는 〔zu〕이다.

ゼ 는 우리말의 「제」에 가까운 발음으로. 영어의 로마자 표기는 〔ze〕이다.

ゾ 는 우리말의 「조」에 가까운 발음으로. 영어의 로마자 표기는 〔zo〕이다.

단어 읽기 연습

- **ザイル** 밧줄(Seil)
- **ジープ** 지프(jeep)
- **ズボン** 양복바지
- **ジストマ** 디스토마(distoma)
- **ゼリー** 과즙・설탕(jelly)
- **ゼロ** 영(zero)
- **ゾーン** 지대、지역. 구역(zone)

ザ

자〔za〕

ザ ザ ザ ザ ザ

ジ

지〔zi〕

ジ ジ ジ ジ ジ

ズ

즈〔zu〕

ズ ズ ズ ズ ズ

ゼ

ゼ ゼ ゼ

제〔ze〕

ゼ ゼ

ゾ

ゾ ゾ ゾ

조〔zo〕

ゾ ゾ

단어 쓰기 연습

밧줄(Seil)			양복바지			디스토마(distoma)			
ザ	イ	ル	ズ	ボ	ン	ジ	ス	ト	マ

ダ행

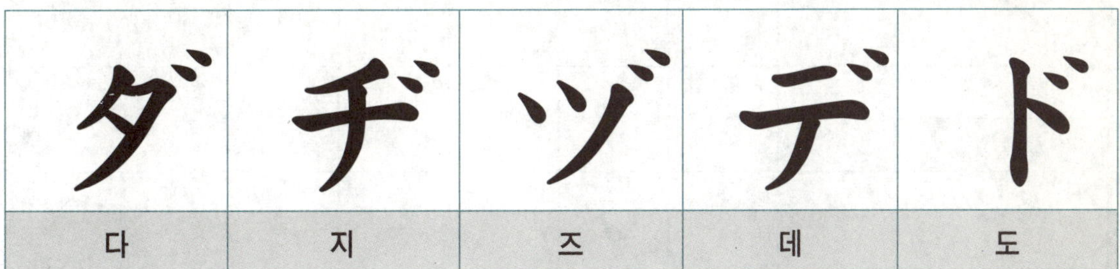

ダ 는 우리말의 「다」에 가까운 발음으로. 영어의 로마자 표기는 〔da〕이다.

ヂ 는 우리말의 「지」와 「즈」의 중간 발음이지만 「지」에 가까운 발음으로. 영어의 로마자 표기는 〔zi〕이다.

ヅ 는 우리말의 「즈」에 가까운 발음으로. 영어의 로마자 표기는 〔zu〕이다.

デ 는 우리말의 「데」에 가까운 발음으로. 영어의 로마자 표기는 〔de〕이다.

ド 는 우리말의 「도」에 가까운 발음으로. 영어의 로마자 표기는 〔do〕이다.

단어 읽기 연습

- ダイナマイト 다이너마이트(dynamite)
- ダム 댐(dam)
- ディスカウント 디스카운트(discount)
- ドア 문(door)
- ドラム 드럼(drum)
- ダイヤル 다이얼(dial)
- データ 자료(data)
- デザイナー 디자이너(designer)
- ドクター 의사(doctor)
- ドル 달러(dollar)

ダ

ダ ダ ダ ダ ダ

다〔da〕

ヂ

ヂ ヂ ヂ ヂ ヂ

지〔zi〕

ヅ

ヅ ヅ ヅ ヅ ヅ

즈〔zu〕

デ

데〔da〕

デ デ デ デ デ

ド

도〔do〕

ド ド ド ド ド

단어 쓰기 연습

댐(dam)	문(door)	날짜(date)	자료(data)	달러(dollar)
ダム	ドア	デート	データ	ドル

バ행

바	비	부	베	보

バ 는 우리말의 「바」에 가까운 발음으로. 영어의 로마자 표기는 〔ba〕이다.

ビ 는 우리말의 「비」에 가까운 발음으로. 영어의 로마자 표기는 〔bi〕이다.

ブ 는 우리말의 「부」에 가까운 발음으로. 영어의 로마자 표기는 〔bu〕이다.

ベ 는 우리말의 「베」에 가까운 발음으로. 영어의 로마자 표기는 〔be〕이다.

ボ 는 우리말의 「보」에 가까운 발음으로. 영어의 로마자 표기는 〔bo〕이다.

단어 읽기 연습

- バーナー 버너(burner)
- バケツ 양동이(bucket)
- バザー 바자(bazaar)
- バス 버스(bus)
- ビーカー 비커(beaker)
- ビザ 비자. 사증(査證)(visa)
- ビヤ 맥주(beer)(＝ビール)
- ブーツ 부츠(boots)
- ブザー 경보기(buzzer)
- ブラシ 솔(brush)
- ベスト 최선(最善)최량(最良)(best)
- ベビー 젖먹이(baby)
- ベル 방울. 종(bell)
- ボート 보트(boat)

バ

バ バ バ

바〔ba〕

バ バ

ビ

ビ ビ ビ

비〔bi〕

ビ ビ

ブ

ブ ブ ブ

부〔bu〕

ブ ブ

ベ

베〔be〕

ベ ベ ベ ベ ベ

ボ

보〔bo〕

ボ ボ ボ ボ ボ

단어 쓰기 연습

버스(bus)		맥주(beer)		솔(brush)			최선(最善)최량(最良)		
バ	ス	ビ	ヤ	ブ	ラ	シ	ベ	ス	ト

パ행	반탁음(半濁音)

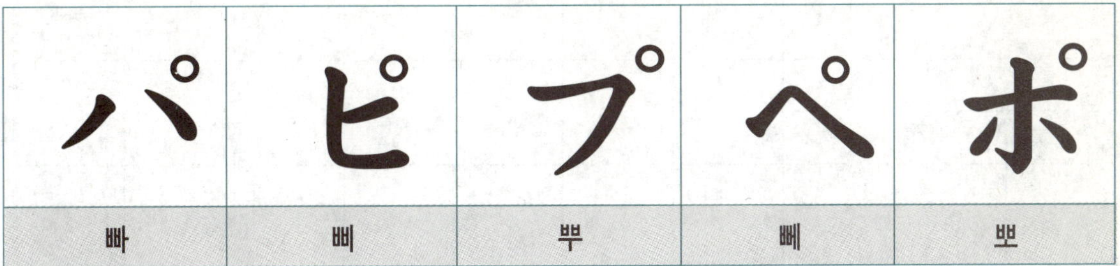

パ	ピ	プ	ペ	ポ
빠	삐	뿌	뻬	뽀

パ 는 우리말의 「빠」에 가까운 발음으로. 영어의 로마자 표기는 〔pa〕이다.

ピ 는 우리말의 「삐」에 가까운 발음으로. 영어 로마자 표기는 〔pi〕이다.

プ 는 우리말의 「뿌」에 가까운 발음으로. 영어의 로마자 표기는 〔pu〕이다.

ペ 는 우리말의 「뻬」에 가까운 발음으로. 영어의 로마자 표기는 〔pe〕이다.

ポ 는 우리말의 「뽀」에 가까운 발음으로. 영어의 로마자 표기는 〔po〕이다.

단어 읽기 연습

- **パート** 부분. 역할(part)
- **パス** 통과 (pass)
- **パリ** 파리(Paris)
- **ピアノ** 피아노(piano)
- **ピース** 평화(peace)
- **ポール** 긴 막대(pole)
- **プライス** 가격. 값 (price)
- **プレー** 경기.재주(play)
- **ポーズ** 모습(pose)
- **ペイ** 지불. 임금. 급료(pay)
- **ペイント** 페인트(paint)
- **ポーカー** 포커(poker)
- **ペース** 보조(步調).속도(速度)(pace)
- **ペーパー** 종이. 문서(paper)

パ

빠〔pa〕

パ パ パ パ パ

ピ

삐〔pi〕

ピ ピ ピ ピ ピ

プ

뿌〔pu〕

プ プ プ プ プ

ペ

뻬〔pe〕

ポ

뽀〔po〕

단어 쓰기 연습

파리(Paris)		가격, 값(price)				페인트(paint)			
パ	リ	プ	ラ	イ	ス	ペ	イ	ン	ト

요음(拗音)

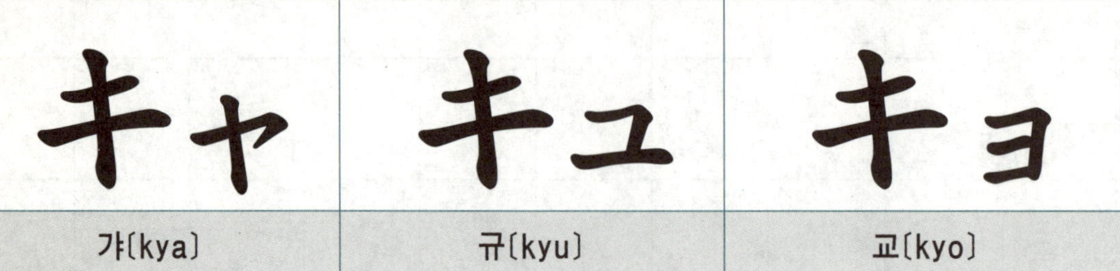

キャ	キュ	キョ
갸(kya)	규(kyu)	교(kyo)

キャ 는 우리말의 「캬」와 「갸」의 중간 발음으로. 「갸」에 가까운 발음이다. 영어의 로마자 표기는 〔kya〕이다.

キュ 는 우리말의 「큐」와 「규」의 중간 발음으로. 「규」에 가까운 발음이다. 영어의 로마자 표기는 〔kyu〕이다.

キョ 는 우리말의 「쿄」와 「교」의 중간 발음으로. 「교」에 가까운 발음이다. 영어의 로마자 표기는〔kyo〕이다.

シャ	シュ	ショ
샤(sya)	슈(syu)	쇼(syo)

シャ 는 우리말의 「샤」에 가까운 발음으로. 영어의 로마자 표기는 〔sha〕이다.

シュ 는 우리말의 「슈」에 가까운 발음으로. 영어의 로마자 표기는 〔shu〕이다.

ショ 는 우리말의 「쇼」에 가까운 발음으로. 영어의 로마자 표기는 〔sho〕이다.

단어 읽기 연습

- **キャンデ-** 사탕 (candy)
- **キャンプ** 캠프 (camp)
- **シャツ** 셔츠 (shirt)
- **キャスト** 캐스트 (cast)

キャ	キュ	キョ	シャ	シュ	ショ
갸〔kya〕	규〔kyu〕	교〔kyo〕	샤〔sya〕	슈〔syu〕	쇼〔syo〕
キャ	キュ	キョ	シャ	シュ	ショ

단어 쓰기 연습

캠프(camp)			셔츠(shirt)		캐스트(cast)		
キャ	ン	プ	シャ	ツ	キャ	ス	ト

チャ	チュ	チョ
챠〔cya〕	츄〔cyu〕	쵸〔cyo〕

チャ 는 우리말의 「챠」에 가까운 발음으로. 영어의 로마자 표기는 〔cha〕이다.

チュ 는 우리말의 「츄」에 가까운 발음으로. 영어의 로마자 표기는 〔chu〕이다.

チョ 는 우리말의 「쵸」에 가까운 발음으로. 영어의 로마자 표기는 〔cho〕이다.

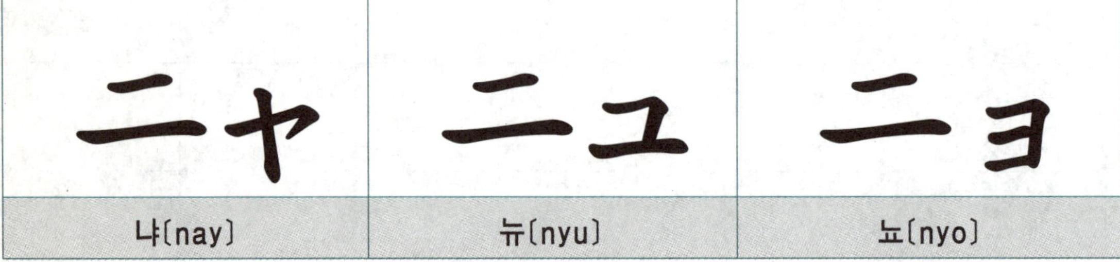

ニャ 는 우리말의 「냐」에 가까운 발음으로. 영어의 로마자 표기는 〔nya〕이다.

ニュ 는 우리말의 「뉴」에 가까운 발음으로. 영어의 로마자 표기는 〔nyu〕이다.

ニョ 는 우리말의 「뇨」에 가까운 발음으로. 영어의 로마자 표기는 〔nyo〕이다.

단어 읽기 연습

- **チャート** 지도, 일람표(chart)
- **ニュース** 뉴스(news)
- **チョコレート**초콜릿(chocolate)

チャ	チュ	チョ	ニャ	ニュ	ニョ
챠〔cha〕	츄〔chu〕	쵸〔cho〕	냐〔nya〕	뉴〔nyu〕	뇨〔nyo〕
チャ	チュ	チョ	ニャ	ニュ	ニョ

단어 쓰기 연습

지도, 일람표(chart)		뉴스(news)		초콜릿(chocolate)			
チャー	ト	ニュー	ス	チョ	コ	レー	ト

ヒャ	ヒュ	ヒョ
햐〔hya〕	휴〔hyu〕	효〔hyo〕

ヒャ 는 우리말의 「햐」에 가까운 발음으로. 영어의 로마자 표기는 〔hya〕이다.

ヒュ 는 우리말의 「휴」에 가까운 발음으로. 영어의 로마자 표기는 〔hyu〕이다.

ヒョ 는 우리말의 「효」에 가까운 발음으로. 영어의 로마자 표기는 〔hyo〕이다.

ミャ	ミュ	ミョ
먀〔mya〕	뮤〔myu〕	묘〔myo

ミャ 는 우리말의 「먀」에 가까운 발음으로. 영어의 로마자 표기는 〔mya〕이다.

ミュ 는 우리말의 「뮤」에 가까운 발음으로. 영어의 로마자 표기는 〔myu〕이다.

ミョ 는 우리말의 「묘」에 가까운 발음으로. 영어의 로마자 표기는 〔myo〕이다.

단어 읽기 연습

- **ヒューマニズム** 휴머니즘 (humanism)
- **ヒューズ** 퓨즈 (fuse)
- **ミュージカル** 뮤지컬 (musical)
- **ミュージック**음악. 악곡 (music)

ヒャ	ヒュ	ヒョ	ミャ	ミュ	ミョ
햐〔hya〕	휴〔hyu〕	효〔huo〕	먀〔mya〕	뮤〔myu〕	묘〔myo〕
ヒャ	ヒュ	ヒョ	ミャ	ミュ	ミョ

단어 쓰기 연습

휴머니즘(humanism)					뮤지컬(musical)			
ヒュー	マ	ニ	ズ	ム	ミュー	ジ	カ	ル

リャ	リュ	リョ
랴〔rya〕	류〔ryu〕	료〔ryo〕

リャ 는 우리말의 「랴」에 가까운 발음으로. 영어의 로마자 표기는 〔rya〕이다.

リュ 는 우리말의 「류」에 가까운 발음으로. 영어의 로마자 표기는 〔ryu〕이다.

リョ 는 우리말의 「료」에 가까운 발음으로. 영어의 로마자 표기는 〔ryo〕이다.

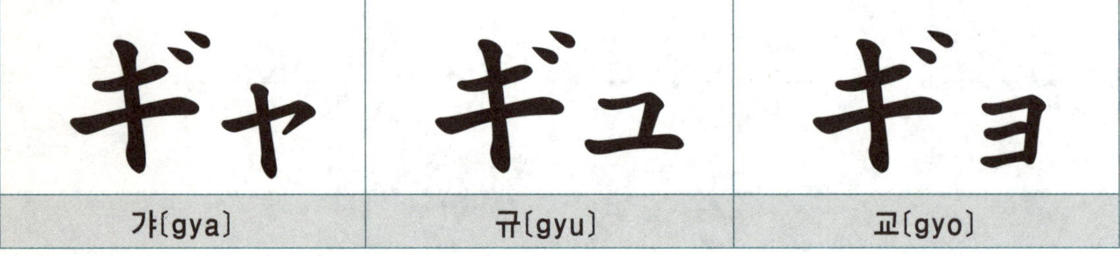

ギャ	ギュ	ギョ
갸〔gya〕	규〔gyu〕	교〔gyo〕

ギャ 는 우리말의 어중에 오는 「갸」에 가까운 발음으로.
영어의 로마자 표기는 〔gya〕이다.

ギュ 는 우리말의 어중에 오는 「규」에 가까운 발음으로.
영어의 로마자 표기는 〔gyu〕이다.

ギョ 는 우리말의 어중에 오는 「교」에 가까운 발음으로.
영어의 로마자 표기는 〔gyo〕이다.

단어 읽기 연습

- **ギョーザ** (중국식) 만두
- **リューマチ** 류머티즘 (rheumatism)
- **ギャラリー** 화랑 (gallery)
- **ギャラ** 출연료(=ギャランティー)

リャ	リュ	リョ	ギャ	ギュ	ギョ
랴〔rya〕	류〔ryu〕	료〔ryo〕	갸〔gya〕	규〔gyu〕	교〔gyo〕
リャ	リュ	リョ	ギャ	ギュ	ギョ

단어 쓰기 연습

(중국식) 만두		류머티즘 (rheumatism)			화랑(gallery)		
ギョー	ザ	リュー	マ	チ	ギャ	ラ	リー

쟈〔ja〕	쥬〔ju〕	죠〔jo〕

ジャ 는 우리말의 「쟈」에 가까운 발음으로. 영어의 로마자 표기는 〔ja〕이다.

ジュ 는 우리말의 「쥬」에 가까운 발음으로. 영어의 로마자 표기는 〔ju〕이다.

ジョ 는 우리말의 「죠」에 가까운 발음으로. 영어의 로마자 표기는 〔jo〕이다.

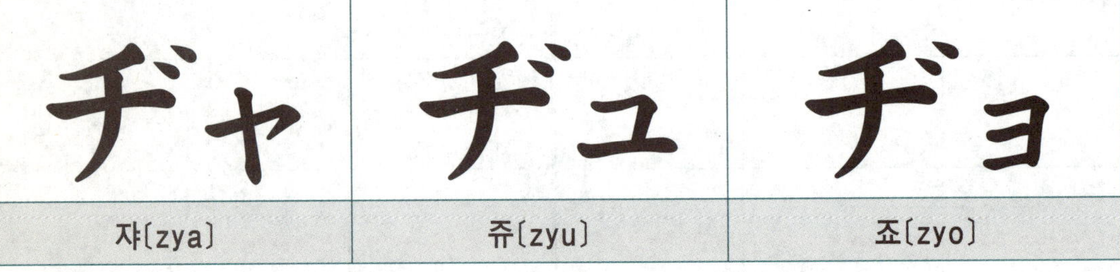

쟈〔zya〕	쥬〔zyu〕	죠〔zyo〕

ヂャ 는 우리말의 「쟈」에 가까운 발음으로. 영어의 로마자 표기는 〔zya〕이다.

ヂュ 는 우리말의 「쥬」에 가까운 발음으로. 영어의 로마자 표기는 〔zyu〕이다.

ヂョ 는 우리말의 「죠」에 가까운 발음으로. 영어의 로마자 표기는 〔zyo〕이다.

단어 읽기 연습

- デュエット 듀엣 (duet)
- ジャム 잼 (jam)
- ジャーナル 정기 간행물
- ジャンプ 점프. 도약 (jump)
- ジョイント 조인트. 합동(joint)

ジャ	ジュ	ジョ	ヂャ	ヂュ	ヂョ
쟈〔ja〕	쥬〔ju〕	죠〔jo〕	쟈〔zya〕	쥬〔zyu〕	죠〔zyo〕
ジャ	ジュ	ジョ	ヂャ	ヂュ	ヂョ

단어 쓰기 연습

조인트, 합동(joint)				저널리스트(journalist)				
ジョ	イ	ン	ト	ジャー	ナ	リ	ス	ト

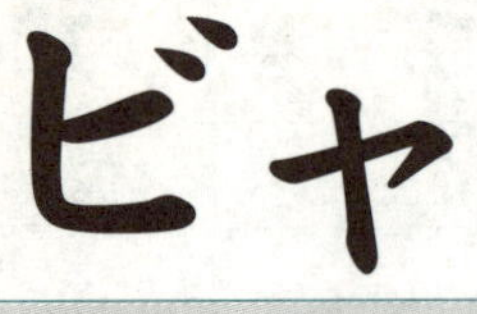

ビャ	ビュ	ビョ
뱌〔bya〕	뷰〔byu〕	뵤〔byo〕

ビャ 는 우리말의 「뱌」에 가까운 발음으로. 영어의 로마자 표기는 〔bya〕이다.

ビュ 는 우리말의 「뷰」에 가까운 발음으로. 영어의 로마자 표기는 〔byu〕이다.

ビョ 는 우리말의 「뵤」에 가까운 발음으로. 영어의 로마자 표기는 〔byo〕이다.

ピャ	ピュ	ピョ
뺘〔pya〕	쀼〔pyu〕	뾰〔pyo〕

ピャ 는 우리말의 「퍄」에 가까운 발음으로. 영어의 로마자 표기는 〔pya〕이다.

ピュ 는 우리말의 「퓨」에 가까운 발음으로. 영어의 로마자 표기는 〔pyu〕이다.

ピョ 는 우리말의 「표」에 가까운 발음으로. 영어의 로마자 표기는 〔pyo〕이다.

단어 읽기 연습

- **ピューリタン** 청교도(Puritan)
- **ビューティーコーナー** 화장품 매장
- **ピューマ** 퓨마 (puma)

ビャ	ビュ	ビョ	ピャ	ピュ	ピョ
뱌〔bya〕	뷰〔byu〕	뵤〔byo〕	뺘〔pya〕	쀼〔pyu〕	뾰〔pyo〕
ビャ	ビュ	ビョ	ピャ	ピュ	ピョ

단어 쓰기 연습

화장품 매장				청교도(Puritan)			
ビュー	ティー	コー	ナー	ピュー	リ	タ	ン

혼자 배우는 일본어 읽고쓰기

2000년 9월 10일 인쇄
2000년 9월 15일 발행

글쓴이 : 맑은창 언어연구팀
펴낸이 : 조명숙
펴낸곳 : 도서출판 맑은창
등록일자 : 2000년 1월 17일
등록번호 : 제16-2083호

서울특별시 강남구 역삼동 810-16
전화 : (02) 555-9512
팩스 : (02) 553-9512

값 : 6,000원(책, 발음TAPE 포함)

※ 잘못된 책은 바꾸어 드립니다.
ISBN 89-86607-03-4